# Desde a aurora eu te procuro

Amedeo Cencini

# Desde a aurora eu te procuro

Sensibilidade e discernimento

**Dados Internacionais de Catalogação na Publicação (CIP)**
**Angélica Ilacqua CRB-8/7057**

---

Cencini, Amedeo
 Desde a aurora eu te procuro : sensibilidade e discernimento / Amedeo Cencini ; tradução de Paulo F. Valério. -- São Paulo : Paulinas, 2024.
 256 p. (Tendas)

 ISBN 978-65-5808-249-1

 1. Vida religiosa 2. Discernimento 3. Sensibilidade I. Título II. Valério, Paulo F. III. Série

23-4967                                                                                       CDD 248.4

---

**Índice para catálogo sistemático:**

1. Vida religiosa


Título original da obra: *Dall'aurora io ti cerco: Evangelizzare la sensibilità per imparare a discernere*

1ª edição – 2024

| | |
|---:|:---|
| Direção-geral: | *Ágda França* |
| Editora responsável: | *Fabíola Medeiros de Araújo* |
| Tradução: | *Paulo F. Valério* |
| Copidesque: | *Ana Cecilia Mari* |
| Coordenação de revisão: | *Marina Mendonça* |
| Revisão: | *Sandra Sinzato* |
| Gerente de produção: | *Felício Calegaro Neto* |
| Capa e diagramação: | *Elaine Alves* |
| Imagem da capa | *@Pok_Rie/pixabay.com* |

---

Nenhuma parte desta obra poderá ser reproduzida ou transmitida por qualquer forma e/ou quaisquer meios (eletrônico ou mecânico, incluindo fotocópia e gravação) ou arquivada em qualquer sistema ou banco de dados sem permissão escrita da Editora. Direitos reservados.

---

Cadastre-se e receba nossas informações
www.paulinas.com.br
Telemarketing e SAC: 0800-7010081

**Paulinas**
Rua Dona Inácia Uchoa, 62
04110-020 – São Paulo – SP (Brasil)
📞 (11) 2125-3500
✉ editora@paulinas.com.br
© Pia Sociedade Filhas de São Paulo – São Paulo, 2024

O discurso sobre a sensibilidade humana
e sobre o discernimento remete ao rosto do Eterno,
àquele que ninguém viu,
mas que se revela no ser humano,
criado à sua imagem e semelhança.
E, portanto, com uma sensibilidade semelhante à sua,
que deve ser reconduzida
à própria verdade originária,
livre para discernir
o que é verdadeiro, belo e bom.
Grande mistério!

# Sumário

Prefácio ........................................................................... 11

Introdução ...................................................................... 21

Dupla desatenção ............................................................ 21

I — Sensibilidade: energia e fonte de energia ................ 29

1. Várias interpretações .................................................. 29

2. Definição ..................................................................... 33

3. O Espírito Santo, sensibilidade de Deus .................... 58

II — *Accende lumen sensibus*: as margens do coração ....... 61

1. Os sentidos e sua função ............................................ 61

2. Da bulimia à atrofia .................................................... 66

3. Do uso ao abuso dos sentidos .................................... 69

4. Responsáveis por nossos sentidos .............................. 72

III — "O odor das ovelhas": dos sentidos às sensações ...... 75

1. O corpo é "sábio" (e diz a verdade) ........................... 77

2. Sensação não significa ação ........................................ 82

3. A sensação não é suficiente, mas, em todo caso,
merece atenção ............................................................ 83

4. Educar as sensações .................................................... 86

5. Persistência das sensações .......................................... 92

6. Sensações e inconsistência .......................................... 94

IV — Emoções, as cores da vida ........................................ 97

1. O homem de cera (ou de gelo) ................................... 97

2. Mozart e aquele maldito vidro ................................... 98

3. Natureza mista e ambivalente .................................... 102

4. Formação das emoções ............................................... 108

5. Francisco e o verdadeiro abraço ..............................115
6. João e o abraço forçado ..........................................117

V — Sentimentos, o calor da vida ....................................121
1. Emoção traduzida em ação .....................................121
2. Muitas emoções, poucos sentimentos ....................125
3. Gestão dos sentimentos (a partir das emoções) ......127
4. Formação dos sentimentos .....................................139

VI — Afetos, as paixões da vida .......................................147
1. O conceito ...............................................................148
2. Origem e dinâmica ..................................................154

VII — Consolação e desolação, variedade e verdade dos afetos ............ 169
1. Consolação ..............................................................170
2. Desolação ................................................................185

VIII — Discernir e decidir, risco e fatalidade ...................197
1. Da sensibilidade ao discernimento (e vice-versa) .....199
2. Sensibilidade e fases do processo decisório ............201

IX — Adulto na fé. Discernimento e escolha crente ........221
1. O buscador ..............................................................221
2. Buscar a Deus ..........................................................228
3. Liberdade de consciência:
   ponto de partida ou de chegada? ............................239

Conclusão .......................................................................251
Do odor das ovelhas ao perfume de Cristo ...................251

Obras do autor publicadas por Paulinas Editora ............253

# PREFÁCIO

Os escritos de Padre Amedeo Cencini são mais ou menos como o vinho das núpcias de Caná, a respeito do qual o encarregado da festa do relato evangélico disse ao esposo: "Tu guardaste o vinho bom até agora". Quando se leem seus livros, amiúde se encontram assuntos tratados por ele próprio alhures; no entanto, as páginas onde são reformulados têm sempre um sabor não apenas agradável, mas inclusive novo. O mesmo vale, pelo menos em parte, para os assuntos desenvolvidos neste livro, em que os dois temas fundamentais tratados certamente estão presentes em outras de suas obras. Desse modo, quanto ao tema da "sensibilidade", anunciado no subtítulo: sem retroceder muito no tempo, já em 2012 Cencini nos deu um amplo trabalho com a propositada questão provocadora: *perdemos os sentidos?* Questionamento certamente mais benévolo relativamente àquele muito categórico, escolhido por Ivan Illich, em seu tempo, para uma coletânea de seus ensaios precedentes: *La perte des sens* (a perda dos sentidos era, para Illich, a gestão empreendedorial da comunicação que entorpece os sentidos e obstruiu os horizontes). Dir-se-á o mesmo quanto ao tema do "discernimento": recordo a todos a publicação a respeito do discernimento vocacional intitulada *A história pessoal, morada do mistério.*

Qual é, portanto, a razão desse retorno a questões já amplamente e muito bem aprofundadas? O próprio Cencini nos indica duas razões: uma – escreve-a imediatamente –, de caráter, diria, negativo, seria a constatação da "marginalização substancial, em nossos programas formativos, de duas realidades muitíssimo significativas, seja no nível psicoantropológico, seja no nível espiritual-teológico", isto é, *a sensibilidade e o discernimento*; a segunda razão, desta feita positiva, diz respeito à íntima conexão entre os dois temas.

Em verdade, ele próprio já havia indicado o primeiro em outras ocasiões. Veja-se, para isso, a valiosa intervenção durante o Congresso para o Clero, por ocasião do 50º aniversário dos decretos conciliares *Optatam Totius* e *Presbyterorum Ordinis*. Naquela circunstância, o Padre Amedeo colocou imediatamente em evidência a *sensação*, pelo menos, "de uma formação de algum modo incompleta e inacabada, que não chega ao coração (no sentido bíblico e também psicológico), somente exterior e comportamental, ou muito espiritual e intelectual, que nem sempre consegue tocar-lhe e converter-lhe a sensibilidade, ou que, em todo caso, faz com que algo importante da humanidade do candidato não seja minimamente tocado ou alcançado pelo processo formativo". Agora, inclusive neste livro, Cencini registra com agudeza crítica: "Basta consultar as nossas *Ratio Institutionis Sacerdotalis* (quase toda diocese ou seminário, ou instituto religioso tem uma), inclusive aquela – valiosa – recentemente publicada pelo Dicastério vaticano, de modo geral tão bem elaboradas e atentas à proposta de uma formação o mais integral possível, e veremos que não se encontra vestígio desse aspecto da realidade humana. Como se fôssemos pouco... sensíveis à formação da sensibilidade!".

Na percepção desse fato, Cencini parece estar verdadeiramente em boa companhia. Refiro-me ao Papa Francisco, de quem, com a transcrição em *L'Osservatore Romano*, de 16 de junho de 2018, foi tornado público o que havia transmitido aos quase dois mil sacerdotes e seminaristas estudantes nos colégios eclesiásticos romanos, durante o encontro que teve com eles no dia 16 de março precedente. A linguagem do Papa é coloquial, até mesmo íntima. A um seminarista que lhe havia pedido conselhos "para bem discernir... ao longo de todo o percurso da vida", Francisco evoca a obra do Espírito Santo, que favorece e ajuda o discernimento, e observa: "Muitos, muitos padres, muitos padres, digo-o com espírito bom, com ternura e com amor: muitos padres vivem bem, na graça de Deus, mas como se o Espírito não existisse. Sim, sabem que há um Espírito Santo, mas este não entra na sua vida. E esta é a importância do discernir: compreender o que o Espírito faz em mim, e também o que faz o espírito inimigo, e o que faz o meu espírito". Ora, à parte a questão da "moção dos espíritos", de que Santo Inácio trata (cf. EE 313) e que é lembrada também no capítulo VII deste livro, o que importa aqui é a observação do Papa: sabem que existe um Espírito Santo, mas este não entra na sua vida! Em resumo, trata-se da mesma questão colocada por Padre Cencini.

A outra razão pela qual Cencini retorna a temas desenvolvidos precedentemente é a vontade de "buscar compreender e aprofundar o significado da relação entre sensibilidade e discernimento", e isso "principalmente por aquilo que poderia e deveria significar o vínculo que os relaciona". Parece-me que justamente o fato de ter feito emergir essa correlação e de tê-la colocado em evidência constitui um dos maiores méritos do livro que o leitor agora tem em mãos. Quanto à formação sacerdotal (mas vale também, obviamente, para a vida consagrada), no número 43 da *Ratio Fundamentalis*, publicada em 2016 pela Congregação para o Clero, lê-se que o primeiro âmbito do discernimento é "a própria vida pessoal e consiste em integrar a própria história e a própria realidade na vida espiritual, de modo que a vocação ao sacerdócio não fique aprisionada na abstração ideal nem corra o risco de reduzir-se a uma simples atividade prático-organizativa, externa à consciência da pessoa...". Portanto, para compreender o que se entende por "a própria história", poderia ser útil uma bela passagem do número 113 do recente *Instrumentum Laboris* elaborado para a próxima XV Assembleia Geral do Sínodo dos Bispos, convocada sob o tema: "Os jovens, a fé e o discernimento vocacional". Retomando uma passagem da Exortação apostólica *Evangelii Gaudium*, 51, que coloca tudo sob o verbo reconhecer, escreve-se: "Reconhecer significa 'dar nome' à grande quantidade de emoções, desejos e sentimentos que cada um tem. Desempenham um papel fundamental e não devem estar ocultos ou adormecidos. O Papa lembrou isso: 'É importante abrir tudo, não disfarçar os sentimentos, não camuflar os sentimentos... Um caminho de discernimento vocacional requer, portanto, atenção ao que surge nas diferentes experiências (família, estudo, trabalho, amizades e relacionamentos de casais, voluntariado e outros compromissos etc.) que a pessoa faz, hoje cada vez mais ao longo de itinerários não lineares e progressivos, com os sucessos e fracassos que inevitavelmente ocorrem: onde um jovem se sente em casa? Onde sente um 'sabor' mais forte? Isso, porém, não é suficiente, pois as experiências de vida são ambíguas e podem ser interpretadas de modo diferente: qual é a origem desse desejo? Está realmente conduzindo à 'alegria do amor'? Com base nesse trabalho de interpretação, torna-se possível fazer uma escolha que não seja apenas o resultado das inclinações ou pressões sociais, mas um exercício de liberdade e de responsabilidade".

Eis, portanto, um ponto nevrálgico no processo do discernimento espiritual de que se fala neste livro, cujo título é tirado de um versículo do Salmo 62(63): "Desde a aurora te procuro". A propósito desse Salmo, Padre L. Alonso Schökel escreveu que possui uma densidade corpórea. Todos os verbos recorrentes naquela lírica profissão de confiança, de fato, estão ligados ao corpo em suas funções elementares e em seus sentidos: "Levantar-se à aurora, ter sede e ansiar, saciar-se, estar à sombra de, estar na cama, contemplar, falar com a boca, erguer as mãos, agarrar-se a alguém, sentir o contato de uma mão... Os sentidos funcionam em senso próprio, mesmo se transcendem o puramente sensível, e funcional como símbolos de experiências espirituais". Nestas páginas, Cencini sublinha a alegria "de encontrar à aurora, dentro de si, o desejo de ver o rosto de Deus, típico de quem esperou pela aurora 'como os vigias ao amanhecer" (cf. Sl 129,6), para estar com seu Senhor, saboreando sua Palavra e colhendo-lhe a beleza", negada a quem abusou de seus sentidos.

Sensibilidade e discernimento são, portanto, os dois polos de toda a reflexão. Talvez fosse melhor dizer reciprocidade entre sensibilidade e discernimento. "Decidimos, de fato, com base naquilo que a mente, o coração e a vontade nos fazem perceber como desejável e bom, de modo consciente ou inconsciente", escreve Cencini e, por outro lado, reafirma decisivamente que "a qualidade do discernimento está ligada à qualidade da sensibilidade de que procede". Nas primeiras páginas deste livro, ele recorda um apotegma dos Padres do Deserto em que está contido um ensinamento validíssimo não apenas no contexto do discernimento espiritual. Diz assim: "A cada pensamento que surge em ti, dize: *és dos nossos ou dos adversários?* E certamente o confessará". A máxima encontra-se no capítulo XXI, 16, da *Collezione sistematica*, Ditos dos Padres do Deserto. Inspirada por Orígenes e retomada por Evágrio do Ponto, é encontrada também na *Vita di Antonio*, escrita por Atanásio e alhures. A instância transmitida por esse aforismo é que o primeiro âmbito para o qual endereçar o discernimento é o próprio coração: às suas profundidades é que o discernimento deve ter a coragem de descer, não evitando a fadiga que essa *descida* comporta. Discernir o próprio coração implica grande esforço. Barsanúfio de Gaza, outro dos Padres do Deserto, escreveu que "sem o esforço do coração, não acontece a ninguém o discernimento dos pensamentos", e prossegue: "Portanto, peço a Deus que o dê a você: seu coração labutará um pouco e Deus o dará a você... Quando Deus, por meio de seu Espírito e da oração dos santos, e do esforço de seu coração, lhe der a graça desse dom, você distinguirá sempre os pensamentos uns dos outros" (Epist. 264). Do coração e no coração, ou seja, da e na raiz do próprio ser é que começa o discernimento.

Os dois temas da sensibilidade e do discernimento, então, não estão apenas externamente entretecidos, mas se condicionam mutuamente. A propósito, é útil sublinhar o que Cencini escreve, no capítulo VIII, a respeito das fases do processo decisório: o discernimento "é um fenômeno de atração da sensibilidade, que, em seguida, aumenta à medida que a pessoa confirma, com a escolha e a ação, o que a mente descobriu como justo e o coração sentiu como fascinante". É até mesmo supérfluo enfatizar a importância desses destaques, especialmente no que tange à vida dos sacerdotes e dos consagrados. Penso no conteúdo do capítulo VI, dedicado ao tema dos afetos como um sentir dotado de sentido e de paixão. Aqui, com delicadeza, Padre Amedeo acena a problemas candentes hoje na vida da Igreja: "Quando sentidos e sensações estão normalmente habituados a perceber o outro de determinada maneira, em função dos próprios interesses ou da própria gratificação, e, portanto, 'usando-o' para si mesmo..." São questões dolorosíssimas, de que Cencini tratou em outros textos de forma mais aprofundada e competente.

Em um livro precioso, rico de conselhos para os que estudam e trabalham – *O trabalho intelectual* (Ed. Kirion, 2018) –, J. Guitton recorda que ele ilustrava a seus alunos o segredo de toda a arte de expressar-se recorrendo a um tipo de cantiga: "diz-se que se dirá algo, foi dito e se diz que se disse!". E é assim que A. Cencini anuncia imediatamente ao leitor o conteúdo geral deste livro: "No começo, um capítulo sobre o significado geral da sensibilidade. Em seguida, veremos um por um seus componentes ou elementos constitutivos individuais: sentidos, sensações, emoções, sentimentos, afetos... E, por fim, o discernimento, como componente conclusivo, de algum modo, da sensibilidade, com seus critérios eletivos e a coragem de fazer escolhas livres e responsáveis". A parte central do livro consiste na sucessão (lógica, além de literária) de nove capítulos. No final – principalmente quanto ao significado do discernimento –, uma expressão ainda sintética se encontra nas linhas conclusivas: "Buscar a Deus, sempre e a cada instante, mas sem recorrer principalmente a normas preestabelecidas que funcionam no automático, e sem contentar-se com indicações que provenham de autoridades externas (do diretor espiritual ou do psicólogo), mas, sim, apelando a todo aquele arsenal com o qual todo ser humano é revestido desde o nascimento e a cada instante: sentidos, sensações, emoções, sentimentos...". Outrossim, nesse caso, Cencini está bem acompanhado. Anteriormente, citei as palavras do Papa aos estudantes dos colégios eclesiásticos de Roma, durante o encontro do dia 16 de março de 2018. Naquela ocasião, referindo-se ao discernimento, o Papa indicou acima de tudo duas condições para sua autenticidade: que seja feito em oração e também em relação a uma testemunha: "Uma testemunha próxima, que não fala, mas escuta e, em seguida, dá as orientações. Não resolve [seu problema], mas lhe diz: observe isso, considere esse outro aspecto, veja ainda isso aqui... essa não parece ser uma boa inspiração por esta razão, mas essa, sim... Mas vá adiante e decida você!".

Durante esse encontro, Francisco recordou dois modelos evangélicos de discernimento: o apóstolo Pedro, em seu encontro com o centurião Cornélio, e Filipe, em seu encontro com o etíope, administrador dos bens da rainha. Com a ajuda de Padre Cencini, os exemplos poderiam aumentar. Em outro escrito seu, que citei no começo, ele havia escolhido como esquema de discernimento o relato joanino do encontro de Jesus com a samaritana; neste livro, a opção recua justamente à origem da história da salvação: o relato das origens de Gênesis 3,8-11, centrado na pergunta que Deus dirige a Adão: "onde estás?".

É a passagem fundamental de todo discernimento, comenta Cencini, porque Deus "já sabe onde o homem se encontra, mas quer que o próprio homem se dê conta disso, ou seja, se interrogue sobre o que traz no coração, o que se encontra no centro de sua vida...". Estamos no auge da clássica tradição sobre o discernimento. Giovanni Climaco afirma de modo lapidar: "Do discernimento deriva a clarividência (*diòrasis*) e desta, a previdência (*proòrasis*)" (*La scala del paradiso* IV, 105). Entendia que somente com o discernimento se consegue ver claro na própria vida, e é somente sob essa condição que nela se abrem os horizontes e se torna possível uma vida conscientemente escolhida e não suportada. E assim é que, através do discernimento, é escolhido também o que não quisemos, mas que entrou em nossa vida.

O Papa Francisco repete muitas vezes que este é o tempo do discernimento, e que a Igreja do terceiro milênio deve ser a Igreja do discernimento. Isso, no entanto, sob a condição de que, como repete A. Cencini neste livro, o discernimento seja compreendido como estilo de vida, como "o modo normal de crescer na fé do crente comum".

† Marcello Semeraro
Bispo de Albano

# Introdução

> *"Desperdiçaste tantas dores*
> *se não aprendeste a ser feliz."*
>
> *(Sêneca)*

## Dupla desatenção

Partamos de um fato, mesmo que, talvez, não seja imediatamente evidente: a marginalização substancial, em nossas programações formativas, de duas realidades muitíssimo significativas, seja no nível psicoantropológico, seja no nível espiritual-teológico, ou seja, *a sensibilidade* e o *discernimento*. E não apenas em si mesmos, como âmbito e objetivo formativo, mas principalmente por aquilo que poderia e deveria significar o vínculo que os relaciona. Vejamo-los de modo ordenado.

## a) Sensibilidade

É muito estranho que na rica tradição educativa da Igreja, seja no interior de nossas instituições explicitamente dedicadas a isso (como seminários, noviciados e casas, seja de formação religiosa ou presbiteral), seja no interior de realidades mais de natureza pastoral (como paróquias, oratórios e centros agregativos formativos), o termo "sensibilidade" não soe muito familiar nem redunde tão significativo. Tampouco resulta ser objeto de formação. Basta consultar as nossas *Ratio Institutionis Sacerdotalis* (quase toda diocese, ou seminário, ou instituto religioso tem uma), inclusive aquela – valiosa – recentemente publicada pelo Dicastério vaticano,[1] de modo geral tão bem elaboradas e atentas à proposta de uma formação o mais integral possível, e veremos que não se encontra vestígio desse aspecto da realidade humana. Como se fôssemos pouco... sensíveis à formação da sensibilidade!

No entanto, a sensibilidade é o que, de um lado, nos é mais familiar: nós a "sentimos" continuamente no que experimentamos habitualmente ou no que, em determinados momentos, provoca-nos e abala-nos; no que nos exalta e atrai, ou naquilo por que nos encolerizamos; de outro lado, nada nos exprime e nos diferencia melhor do que a sensibilidade, que é, de fato, algo absolutamente único-singular--irrepetível: se não existe nenhuma pessoa insensível (todo mundo é sensível a algo-alguém e insensível a algo mais), é igualmente verdade que não existem duas pessoas com a mesma sensibilidade, nem sequer dois gêmeos monozigóticos, que viveram a mesma experiência familiar e social, possuem uma sensibilidade idêntica. Uma coisa é certa: nossa sensibilidade pessoal nos dá mais informações sobre nós mesmos do que uma série interminável de sessões psicanalíticas e de testes psicológicos.

No plano expressamente formativo, portanto, é justamente a sensibilidade que deve crescer e qualificar-se

---

[1] Congregação para o Clero, *Ratio Fundamentalis Institutionis Sacerdotalis*, o dom da vocação presbiteral, Roma, 2016.

sempre mais, visto que não haveria nenhum sentido num processo educativo que desse atenção apenas à vertente exterior da pessoa, à correção comportamental ou à aprendizagem de aptidão, e que não visasse, ao contrário, à conversão da sensibilidade em todos os seus aspectos e componentes (dos sentidos externos aos internos, das sensações aos sentimentos, dos desejos aos afetos...) e à aquisição progressiva de uma nova sensibilidade.

No fundo, se existe uma sensibilidade crente, ou conjugal, ou presbiteral, este é precisamente nosso projeto de acordo com a identidade vocacional pessoal; e se esse é o ponto de chegada, ele deve inclusive caracterizar o caminho pedagógico, indicar-nos etapas intermediárias, estratégias educativas, caminhos experimentais, critérios específicos de admissão...

A falta desse tipo de atenção far-nos-ia correr um risco que não é de pouca monta: o do farisaísmo como símbolo de uma ruptura na pessoa, entre externo e interno, entre conduta observante e propensões divergentes, entre projetos declarados e desejos ocultos, entre amores oficiais e adultérios escondidos, ainda que apenas sonhados... Uma ruptura que, em determinados casos, leva a uma verdadeira duplicidade de vida, como uma esquizofrenia que torna baldado o agir e ineficaz o anúncio, medíocre a vida e infeliz o anunciador.

Formar a sensibilidade significa dar uma perspectiva coerente e unitária ao caminho pedagógico em questão, qualquer que seja ele, que envolva toda a pessoa em um processo integral. Somente então, de fato, a formação é verdadeira, quando alcança a sensibilidade da pessoa e converte aquela em função da identidade desta. Se, portanto, o ponto de referência final é a fé como adesão de amor ao Deus que confia no ser humano, tudo deve ser pensado no itinerário formativo de modo que todo dinamismo e energia de que o ser humano dispõe, a partir de sentidos, sensações, emoções, afetos, vão nessa direção, e aquela adesão de amor seja verdadeiro ímpeto, algo que seja acreditado-amado-vivido com todo o coração, todas as forças, toda a mente, e torne-se o critério das decisões; não seja apenas obrigação moral, mas desejo do coração; seja convicção da mente, mas também emoção que dá calor e cor à vida; seja dever, mas também prazer; verdadeiro, e também belo; cansativo, mas aplacador como nenhuma outra coisa.

Se se trabalha a sensibilidade, a casa é construída sobre rocha sólida e resistente. Se não se cuida da sensibilidade, ao contrário, é como se se construísse sobre a areia: bastará um golpe de vento, e tudo desmoronará miseravelmente por terra. Talvez seja o que aconteceu a tantas pessoas que, no entanto, tinham recebido uma formação objetiva, como sacerdotes formados durante um tempo adequado para assumirem determinada identidade (e papel), como se fosse uma roupa, mas com atenção insuficiente precisamente a este aspecto nevrálgico, como é a sensibilidade.[2]

---

[2] A esses poder-se-ia aplicar a frase de Sêneca: "Desperdiçaste tantas dores se não aprendeste a ser feliz".

## b) Discernimento

Talvez seja justamente devido a essa ignorância ou menor consideração que a mesma sorte parece caber a outra realidade importante para nosso caminho formativo, humano e espiritual: o *discernimento*.[3] Este também, discretamente ausente de nossas práticas educativas, ou indicado no máximo como técnica extraordinária a que recorrer nos casos ambíguos e importantes, e muito menos como exercício normal da fé em que educar o candidato; mais compreendido em sentido passivo, ou como ação da autoridade que verifica a autenticidade vocacional, do que em sentido ativo, como aprendizagem da liberdade de escolher o que é bom e agradável a Deus da parte do próprio sujeito.

E, naturalmente era (e é) ignorado o relacionamento íntimo e absolutamente natural entre sensibilidade e discernimento. Na realidade, a sensibilidade é raiz e fundamento do que fazemos e *está na origem de toda escolha*, mas é também *consequência e expressão de toda decisão*, já pequena, já grande. Nesse relacionamento se concentra e se resume a vida passada, mas ele exprime inclusive nosso modo de ir ao encontro da vida e do futuro. A sensibilidade (em seu significado mais amplo de sensações e valorizações, gostos e pendores) é a premissa ou o lugar psicológico

---

[3] Talvez também por isso a ação do Papa Francisco continue a suscitar certa resistência, visto que reconduz ao centro da atenção essas duas realidades que até gora permaneceram à parte, principalmente o discernimento, com toda a responsabilidade que ele implica (cf. a lógica de fundo da Exortação apostólica pós-sinodal *Amoris Laetitia* [São Paulo, Paulinas, 2016] e a proposta do Sínodo dos Jovens, tendo em vista o discernimento).

onde nascem os discernimentos pessoais, e aonde, ao mesmo tempo, se reconduzem as escolhas de cada dia, alimentando e reforçando aquelas sensações e propensões. De um lado, a sensibilidade é *sujeito* do discernimento, até mesmo seu diretor oculto; de outro, é seu *objeto*, ou o que se forma constantemente em nós a partir das escolhas que fazemos; é o que vem *antes* e também o que vem *depois* dele.

Como não dar atenção constante e regular a esse nosso mundo interior, tão rico e presente em tudo o que vivemos, e – no âmago dele – a esse relacionamento, tão vital e decisivo, entre sensibilidade e discernimento?

## c) Sensibilidade e discernimento

Aqui está a meta desta reflexão: buscar *compreender e aprofundar o significado da relação entre sensibilidade e discernimento*. Para isso, deveremos decompor o termo "sensibilidade" e captar seus componentes e dinamismos. No fundo, o discernimento é um desses dinamismos, ou a desembocadura natural, posto que irreflexivo, daquilo que experimentamos e sentimos dentro de nós. Com efeito, decidimos tomando por base o que mente, coração e vontade nos fazem perceber como desejável e bom, de modo cônscio ou incônscio. E justamente porque a coisa, ou melhor, a junção não é sempre tão evidente, nem mesmo para o próprio sujeito, gostaríamos de observá-la com atenção. E, ainda, se a qualidade do discernimento está ligada à qualidade da sensibilidade de que ele procede, será, então, indispensável considerar como assegurar a formação da sensibilidade e de seus componentes.

É indispensável outro ressalto para captar o sentido do nosso trabalho, que se move dentro de uma antropologia cristã, ou a partir de uma opção existencial marcada pela fé em Cristo e pela decisão de segui-lo nos vários percursos que a vida possa descortinar diante de nós. Isso confere um cunho específico à nossa reflexão. Porque estou convencido, e me convenço sempre mais, de que também o acreditar é expressão de sensibilidade (sensibilidade *crente*) e – se se trata de acreditar em Cristo – de sensibilidade *cristã*. Estas, obviamente, devem ser formadas se quisermos que levem a decisões coerentes. De fato, Paulo, quando escreve aos cristãos da igreja de Filipos, não faz recomendações comportamentais, mas lhes dá justamente esta indicação, válida para todos os que acreditam em Cristo: "Haja entre vós o mesmo sentir e pensar que no Cristo Jesus" (Fl 2,5).[4] Mas os sentimentos, conforme especificaremos posteriormente, são apenas uma parte ou um elemento constitutivo da sensibilidade, razão por que talvez a tradução mais lógica seria: "Tende em vós a mesma *sensibilidade*" do Filho de Deus. É um termo ainda mais amplo, visto que implica inclusive as escolhas a serem feitas. Eis aquilo a que somos chamados, sem exceções.

Então, é belo pensar que, se esse é o convite que nos vem da Palavra, nosso Deus não é uma divindade abstrata e distante, sem rosto e sem sentimentos, impronunciável e inacessível, gélido enigma indecifrável e insensível, mas sim um Deus que vê e escuta o gemido dos pobres; é um

---

[4] Deve-se observar que a expressão grega original traz o verbo *fronein*, que significa literalmente o modo de agir-reagir perante a vida.

Deus que tem "olhos de pranto",[5] que sofre e se comove, que se deixa encontrar e tocar por quem o procura, que, acima de tudo, busca o próprio ser humano e lhe prepara uma festa, se este se deixa encontrar, feliz por sua felicidade...

Desse modo, o discurso a respeito da sensibilidade humana remete, direta ou indiretamente, ao rosto do Eterno, àquele que ninguém viu, mas que se revela no ser humano, criado à sua imagem e semelhança. E, portanto, com uma sensibilidade semelhante à sua, que deve ser reconduzida à sua verdade originária, ou evangelizada. Grande mistério!

Concretamente, esse é o plano da obra. No começo, um capítulo sobre o significado geral da sensibilidade. Em seguida, veremos um por um seus componentes ou elementos constitutivos individuais: sentidos, sensações, emoções, sentimentos, afetos... E, por fim, o discernimento, como componente conclusivo, de algum modo, da sensibilidade, com seus critérios eletivos e a coragem de fazer escolhas livres e responsáveis.

---

[5] L. Bianchi, *La messa dell'uomo disarmato*, Milão, Sironi, 2005, p. 572.

# I SENSIBILIDADE: ENERGIA E FONTE DE ENERGIA

Procuremos, antes de tudo, ter uma ideia o mais correta possível da sensibilidade humana.

O termo não pertence absolutamente à linguagem técnica ou à literatura científica, mas tampouco àquela ascético-espiritual; por isso, a sensibilidade não tem grande consideração nem sequer no âmbito pedagógico-formativo, conforme já dito, e, às vezes, é vista com certa presunção, como algo volúvel e inconstante, e dificilmente confiável. Contudo, a cada dia todos experimentamos essa força interior que nos atrai de um lado ou de outro, e que, em seguida, interpretamos de várias maneiras.

## 1. Várias interpretações

Fundamentalmente, parece-me ser possível destacar as seguintes tendências interpretativas da sensibilidade.

### 1.1. Sensibilidade como acontecimento relacional

Há quem veja na sensibilidade a capacidade de receber impressões do mundo externo, principalmente humano, mediante os sentidos. Ou, em nível mais profundo, sensibilidade é aquela atitude que nos permite não somente experimentar sensações agradáveis ou dolorosas, mas também participar das emoções do outro, ou seja, simpatizar.

Nesse sentido, diz-se genericamente sensível quem se comove com e pelos outros, ou é capaz de partilhar as próprias emoções ("chora facilmente"); ao passo que insensível seria quem fica indiferente às emoções de outrem e muito menos expõe as próprias.

A relação com Deus também poderia ser compreendida como expressão de tal capacidade humana, mais ou menos desenvolvida.

## 1.2. Sensibilidade como dom intelectual

Outros preferem uma interpretação da sensibilidade como qualidade substancialmente mental, aquilo de que nasce uma mentalidade, um modo de pensar e de ver, uma série de convicções e de interesses, que talvez alguém gostaria de inclusive transmitir aos demais (nesse sentido, fala-se de "sensibilizar" os outros ou a opinião comum). Todavia, dela poderia também derivar certa capacidade crítica, ou aquela perspicácia estritamente pessoal que permite tomar distância em relação à vida e aos outros e avaliar de modo subjetivo e original, às vezes, inclusive, com excessivo senso crítico. Ou a sensibilidade como intuito, perspicácia e tudo quanto nos permite *intus-legere* [ler interiormente] as pessoas, os fatos, as circunstâncias mais ou menos imprevisíveis da vida e que frequentemente irrompem inopinadamente e exigem uma decisão em tempos breves ou brevíssimos.

Variante desse tipo de interpretação é aquela que vê a sensibilidade como dom singular, não somente de tipo mental, que, por exemplo, torna uma pessoa particularmente atenta e atraída pelas expressões *artísticas*. Sensibilidade, portanto, como predisposição para a arte ou para um modo de fazer arte e uma arte determinada, para um gosto específico no trabalho com as cores e as formas, por exemplo, ou na produção dos sons, ou na representação de temas e de personagens, na narração de sentimentos humanos, na compreensão e na expressão do mistério da beleza.

### 1.3. Sensibilidade como capacidade técnica

Por fim, a sensibilidade não diz respeito somente à pessoa e ao humano, ainda que possa ser sempre determinada e feita visível e operante pelo ser humano. Em linguagem técnica, exprime a capacidade de uma máquina, de um aparelho ou de um dispositivo (por exemplo, um sismógrafo) de medir e registrar com precisão determinado fenômeno (no caso, um terremoto) ou de responder aos estímulos ou aos comandos relativos ao funcionamento precedentemente recolhidos (pensemos na assim chamada "caixa-preta" dos aviões, que registra com precisão todas as operações realizadas antes de um eventual acidente). Cada um vê a utilidade extrema desses instrumentos, ligada justamente à "sensibilidade" deles, compreendida como capacidade técnica de perceber e codificar o menor estímulo.

### 1.4. Outros significados

Fala-se de sensibilidade também com outros significados, por exemplo, para falar da propriedade de uma película ou de um material fotográfico que deve ser exposto à luz, a ponto de saber reproduzi-la de algum modo.

Assim como se fala, em sentido completamente diferente (e sempre mais inquietante hoje em dia), de *ambientes e objetivos sensíveis*, ou seja, várias realidades (lugares, edifícios, obras de arte...) que são consideradas particularmente acessíveis e vulneráveis (indefesas) e cheias de significado identitário (simbólico) para eventuais ataques terroristas.

Já para não falar da sensibilidade das *plantas*, que as tornaria reativas ao ambiente e até mesmo – conforme a opinião de peritos no assunto – a quem cuida delas; ou dos *animais*, certamente não inteligentes, mas capazes de reação emotiva e dotados precisamente de determinada sensibilidade.

Por que fizemos essa tomada panorâmica de significados e interpretações da sensibilidade? Porque me parece que aqui encontramos os elementos fundamentais do conceito de sensibilidade: a *relação interpessoal* (com certo envolvimento emocional), a dimensão *intelectual* (com a capacidade de julgamento ou senso crítico), o fenômeno técnico de determinado *automatismo* (que torna a sensibilidade algo que é um tanto difícil de modificar), e definitivamente o que nos torna *atentos e audazes* no relacionamento com o real, mas também *influenciáveis* e *vulneráveis*.

De modo mais ordenado e lógico, diria que na sensibilidade podemos reconhecer a tríade clássica humana, ou seja, fatores mentais, afetivos e volitivos. Mas voltaremos a esse assunto. Em primeiro lugar, é importante definir aquilo de que pretendemos falar. Temos a sensação, de fato, de que ao redor dessa realidade existem muitos preconceitos, equívocos e inexatidões interpretativas.

## 2. Definição

A sensibilidade é uma *orientação emotiva, mas também mental e decisória, impressa no mundo interior do sujeito por sua vivência pessoal, desde sua infância e, de modo sempre mais significativo, a partir de suas escolhas cotidianas.*

Por conseguinte, começa a formar-se muito cedo, no interior da família de origem e em virtude das relações com as pessoas mais significativas (que, de algum modo, transmitem a própria sensibilidade à criança), mas é sempre mais determinada, posteriormente, pelas decisões cotidianas da pessoa, quer pequenas, quer grandes, como veremos melhor daqui a pouco.

A sensibilidade, digamo-lo imediatamente, é um grande recurso do ser humano. É por causa dela que algumas realidades, pessoas, ideais, situações existenciais nos atraem, ao passo que outras – ao contrário – nos são insuportáveis ou indiferentes. É sempre por causa da sensibilidade que julgamos alguns gestos, estilos ou atitudes como bons ou lícitos, e outros como maus ou ilícitos. A sensibilidade determina propensões, gostos e desejos, influencia os julgamentos e os critérios de avaliação da realidade e das pessoas, faz sentir satisfação e sofrer, faz nascer afetos e paixões positivas ou negativas, torna-nos convincentes e eficazes naquilo que realizamos, permite-nos fazer as coisas pelo prazer de fazê-las, porque "temos vontade" de executá-las, livres de pressões e obrigações, desenvoltos e espontâneos. No bem ou no mal, obviamente.

Com frequência – aqui está um dos preconceitos –, a sensibilidade é considerada prerrogativa de alguém, enquanto estaria ausente em outras pessoas, e vista como qualidade positiva ou evidente, mesmo quando é percebida como excessiva, uma vez que consentiria alguém compreender, ou sentir, ou sofrer o que outros não compreendem, nem sentem, nem sofrem.[1] Na realidade, *todos somos sensíveis*, ou aprendemos a sê-lo, talvez sem nos darmos conta disso, em relação a algo ou a alguém, bem como aprendemos a ser insensíveis a outra coisa ou a outra pessoa, mas não existe ninguém completamente insensível. A insensibilidade seria a morte, como um eletrocardiograma completamente horizontal.

Mas vejamos as características da sensibilidade.

## 2.1. Força proativa (não somente reativa) e ambivalente (não já determinada)

A sensibilidade não é somente reação e capacidade de reação às situações e circunstâncias da vida, mas iniciativa, coragem de dar o primeiro passo, criatividade ao exprimir a si mesmo e as próprias convicções. Conseguintemente, é força ativa e proativa, que coloca a pessoa em condições de

---

[1] Seria o caso de alguém que, frágil do ponto de vista afetivo, tem excessiva necessidade de sentir-se amado e perscruta todas as situações e relações a partir desse ponto de vista, dando excessivo peso a todo sinal positivo e negativo. É claro que se trataria de uma sensibilidade de algum modo doentia, exageradamente orientada para uma direção precisa, aquela do amor a ser recebido (ou exigido), que provavelmente torna a pessoa igualmente insensível no sentido de dar carinho e cuidar dos outros.

agir e de fazer, não simplesmente atitude defensivo-passiva. A sensibilidade é dinamismo interior, não sistema de proteção do eu, que dispara somente quando percebemos que nosso eu ou nossa boa reputação estão em apuros. Muitas vezes, de fato, outro preconceito suficientemente difuso, a sensibilidade é confundida com suscetibilidade, ou com aquelas atitudes que nos tornam melindrosos e ressentidos diante do que percebemos como ofensivo para a nossa estima. De novo, o problema – quando muito – é compreender a que nos tornamos sensíveis (a todo sinal de apreciação ou não em relação a mim, ou ao outro necessitado e tratado injustamente?), arriscando, talvez, desperdiçar notável quantidade de energia para a... conservação e salvaguarda de nossa estima. Mas não podemos, em todo caso, reduzir a sensibilidade a uma função do tipo protetivo do eu. Em vez disso, ela existe em função da expressão e promoção do eu, livre e capaz de responsabilizar-se pelo tu, e se coloca em termos criativo em relação ao futuro.

Posteriormente, dependerá do sujeito a orientação que pretende imprimir à própria sensibilidade, a qual é, *de per si*, dinamismo, mas sem uma direção precisa. A sensibilidade é energia preciosa que nos faz vibrar diante da vida, mas fundamentalmente *ambivalente*: poderia levar-nos para o bem e para o amor pelo bem, assim como rumo ao seu contrário; poderia reforçar em nós a tendência autorreferencial ou aquela mais aberta ao outro. Não traz já inscrita em si uma meta a ser alcançada. É a liberdade do ser humano que a orienta, ainda que deva levar em conta os condicionamentos e as pressões de diversos tipos, como veremos. Eis por que advertimos a importância dessa reflexão, a fim de restituir a nós mesmos o direito-dever de intervir sobre a orientação a ser dada a essa energia, em resumo, à nossa vida. Refletir sobre o que determina em nós a quem amar, o que amar e o que detestar; aquilo por que apaixonar-nos e estarmos dispostos a sofrer; onde encontrar aquele algo mais que confere gosto à vida, pelo qual arriscar-se e no qual apostar a cada instante o que somos...

Força, portanto, reativa e proativa, aberta em sentido oblativo ou egoísta.

## 2.2. Pervasividade e tipologia

A sensibilidade é, portanto, um conceito geral, visto que exprime a orientação sempre geral que uma pessoa deu ou está dando à própria existência (por exemplo, ser solidários ou atentos somente ao eu; abertos ao mistério ou vergados sobre nossas pequenas economias...), mas é possível, e muito útil para conhecer-nos bem, observarmos as várias áreas da personalidade em que estamos amadurecendo certa sensibilidade.

A sensibilidade, de fato, abraça toda a vida e cada expressão existencial; manifesta-se em diversos níveis e em âmbitos diferentes; não há nada em nós e em nossa história, como indivíduos particulares e como seres relacionais, que não se insira em determinado tipo ou nível de sensibilidade. Ela é energia, dissemos, mas sua direção ou conteúdo são definidos exatamente pelo tipo ou pelo nível específico de sensibilidade em questão. Por conseguinte, é muito mais oportuno falar não de uma sensibilidade em geral, mas dos vários âmbitos em que ela se manifesta. O próprio grau de maturidade da pessoa pode condensar-se em um único indício ou julgamento avaliativo, mas é declarado de modo mais correto e equivalente à realidade concreta da pessoa se for decomposto em vários dados, correspondentes aos diversos tipos de sensibilidade em que a pessoa está mais ou menos amadurecida.

Por exemplo, existe uma sensibilidade *relacional*, que diz quanto o outro é importante para mim, quanto minha vida está aberta real e afetivamente para outro, quanto estou disposto a interromper minha viagem e deter-me para socorrer quem está em apuros (cf. Lc 10,29-37). Ou uma sensibilidade *intelectual*, que manifesta o gosto de quem busca a verdade com os próprios meios e instrumentos, de quem tem interesses intelectuais. Ou uma sensibilidade *estética*, que exprime outra busca essencial, a da beleza, do que dá sentido e beleza à vida e à pessoa em todos os aspectos (pensemos no que se torna a oração, se não for também uma experiência de beleza). Ou a sensibilidade *crente* (da qual nasce ou na qual consiste a fé), que indica aquele que aprendeu a buscar o Mistério em toda ação e situação, e além de cada ação e situação, dentro e fora de si (o *vir ob-audiens*, que leva uma mão em forma de concha ao ouvido, a fim de tentar captar também o "murmúrio de uma leve brisa" [1Rs 19,12], em que Deus se revela e vela). Ou a sensibilidade *espiritual*, típica de quem não se detém no lado superficial das coisas e dos acontecimentos, mas aprendeu a gozar as coisas espirituais, a oração, o silêncio, a solidão com Deus, a Palavra, as bem-aventuranças. Ou a sensibilidade *moral* (habitualmente a chamamos de consciência[2]), que permite discernir o bem do mal, "sentir" dentro de si algo como bom ou mau, deter-se diante do que não convém fazer. Ou, próxima e sucessiva a esta, a sensibilidade *penitencial*, que consiste em condoer-se pelo mal cometido, em sentir vergonha e pedir perdão (aquela sensibilidade, só para deixar claro, que faltou à grande maioria dos sacerdotes e consagrados perpetradores de abusos sexuais, que jamais pediram perdão a ninguém simplesmente porque... não julgavam ter algo por que pedir perdão).[3] Ou, ainda, a sensibilidade *vocacional*, que é a atitude de quem se sente chamado e busca cada dia aquela voz que pronuncia seu nome e lhe revela o lugar que deve ocupar na vida (na crise vocacional do presente, é precisamente tal sensibilidade que deve crescer, seja na Igreja que chama, antes de mais nada, seja em qualquer jovem, para que se deixe chamar). Ou a sensibilidade *formativa*, de quem aprendeu a deixar-se formar pela vida durante toda a vida

---

[2] Considero que é preferível a expressão "sensibilidade moral", que expressa a globalidade-integralidade dessa experiência muito melhor do que o termo "consciência", que remete preponderantemente à dimensão do conhecimento e da análise mental. É encantadora a intuição de Fumagalli, que fala da consciência como o eco de Deus e de seu Espírito no coração e na mente daquele que crê. O problema, como veremos, é que tal eco pode ser perturbado e sufocado por certa poluição acústica externa e interna do sujeito (cf. A. Fumagalli, *L'eco dello Spirito. Teologia della coscienza morale*, Brescia, Queriniana, 2012).

[3] O escritor A. Pronzato, com respeito à sensibilidade penitencial, faz esta simpática "breve oração" a São Pedro: "Pedro, aconselho-te: fica de olho naquele teu galo que fez brotar em teus olhos lágrimas de arrependimento. Não sei se te informaram, mas está ameaçado. Faze com que ninguém o estrangule. Estaríamos privados do incomparável dom do remorso" (A. Pronzato, *Un prete si confessa. Farsi trovare da Dio*, Milão, Gribaudi, 2013, p. 44).

(daí a ideia da formação permanente), o tipo de *docibilis* que aprendeu a aprender.[4] Ou a sensibilidade *decisória*, que se aprende mediante as escolhas de cada dia e que faz crescer no sujeito o senso de responsabilidade em relação à própria vida e o discernimento como estilo habitual do crente. Ou a sensibilidade *política*, graças à qual me sinto parte de uma comunidade civil, da qual muito recebi e continuo a receber, e a cujo bem ou bem-estar sou chamado ou sinto o dever de colaborar. Ou a sensibilidade *pastoral*, aquele modo de sentir típico do pastor que tem o odor das ovelhas e quer bem a seu povo, que está aprendendo a ter em si os sentimentos do Bom Pastor. Ou a sensibilidade *ministerial*, do servo, daquele que se sente como tal e ocupa com naturalidade o último lugar, não sai à procura de grandes coisas, porque encontra a própria alegria no privilégio de servir.

Poderíamos continuar com outros tipos de sensibilidade (litúrgica, bíblica, eclesial, orante, mas também civil, ecológica, histórica, poética, artística, didática...), mas creio que seja suficiente percorrer a lista que propusemos para captar a riqueza do conceito e a necessidade de submetê-lo a um rigoroso caminho educativo-formativo. Tudo o que fazemos ou sentimos, ou por que nos apaixonamos na vida, é expressão de nossa sensibilidade pessoal e se insere mais ou menos em um dos tipos de sensibilidade que acabamos de ver.

---

[4] No fundo, a *docibilitas* é, ela mesma, uma forma de sensibilidade; poderíamos chamá-la de "sensibilidade discipular (do discípulo daquela mestra que é a vida)".

## 2.3. Cada um tem a sensibilidade que merece

Já acenamos na definição: a sensibilidade forma-se em nós desde os primeiros dias de vida, imediatamente, portanto, graças às relações e à experiência vivida na família de origem. Nesse sentido, pode-se dizer acertadamente que se torna determinante a sensibilidade dos pais, que se transmite – até certo ponto – à da criança, cujo crescimento coincidirá sempre mais com a experiência de sua autonomia e responsabilidade, especialmente nas escolhas que fará, e que orientarão sua sensibilidade em uma ou em outra direção.

Nesse sentido, ninguém pode dizer com certeza que a sensibilidade seja totalmente inata nem totalmente adquirida: talvez haja um núcleo originário, ligado ao caráter-temperamento ou ao equilíbrio neurovegetativo do indivíduo, com o qual ele nasce e que já confere certa orientação à sua sensibilidade. Enquanto o que sabemos com certeza é que a sensibilidade está igualmente ligada ao que já dissemos: à experiência relacional-vital primordial e, em seguida, sempre mais às sucessivas escolhas que a pessoa fará. Escolher, de fato, significa orientar energia em uma direção precisa. Por isso, toda decisão, pequena ou grande, consciente ou não, visível ou oculta, explícita ou implícita, relevante ou irrelevante, é, de fato, significativa, exprime uma orientação já existente e, por sua vez, confirma-a (ou a desmente, mas deixa um vestígio, não é sem consequência no que tange à própria orientação de vida, mas a reforça ou a debilita.

E, provavelmente, aqui encontramos outro preconceito, o de que existem escolhas importantes e outras não, razão pela qual, às vezes, pode-se pensar que "a escolha que estou fazendo é de pouca monta, é, sim, uma pequena concessão ao meu instinto (afetivo, sexual, autorreferencial), mas não vai incidir minimamente em minha escolha de vida, mesmo que não esteja propriamente em sintonia com ela". Mas as coisas não são, realmente, assim, justamente porque em toda escolha há energia, que, de fato, vai em uma direção ou em outra: portanto, se aquela escolha não está totalmente em harmonia com minha identidade-verdade, a energia não vai na direção de minha identidade (ou de minha vocação), mas na direção *oposta*, ou seja, reforça sentimentos, desejos, propensões que vão em outro *sentido*. E que, a partir inclusive daquela escolha ou daquela pequena concessão venial, sentirei inevitavelmente como mais influentes e determinantes as minhas ações presentes e futuras.

Ninguém, portanto, pode pensar que a sensibilidade seja algo que lhe aterrissou sobre as costas, como um dado inato, recebido anexo ou como dom da natureza. Não, *cada um é responsável pela própria sensibilidade; construiu-a e continua a construí-la para si com as escolhas de cada dia.* Em termos ainda mais diretos e um pouco ásperos: *cada um tem a sensibilidade que merece.*

## 2.4. Sistema que se autorregenera

Prerrogativa muito importante da sensibilidade é que ela parece autorregenerar-se e, portanto, consolidar-se sempre mais de acordo com a orientação inicial, se a pessoa não aprendeu a intervir nela com inteligência e reorientá-la, se necessário. Acabamos de dizer, efetivamente, que uma escolha, especialmente se repetida, finda por reforçar os elementos constitutivos da sensibilidade, dos desejos às propensões (vê-los-emos em breve), ou talvez crie familiaridade com o objeto da escolha, fá-lo sentir não somente como sempre mais gratificante, mas também como normal, portanto, *lícito e bom*. Com outras palavras, a escolha habitual não apenas tornará a pessoa sempre mais dependente daquela gratificação particular, mas influenciará inclusive seus critérios ético-morais para julgar ou "sentir" aquela determinada ação como boa e legítima, ou pelo menos como não ilegítima.

Essa é a razão por que definimos a sensibilidade como orientação não somente *emotiva* (que cria gratificação que atrai), mas também *volitiva* (que influencia a decisão) e, no final, também *mental* (capaz de condicionar os julgamentos morais do indivíduo). Eis, ainda, por que aquela orientação se afirma sempre mais, e a sensibilidade é cada vez mais atraída para aquela direção e justificada pelo sujeito como uma atitude mental que cria uma prática habitual (e é gerada por ela). E já podemos entrever a relação entre sensibilidade e discernimento.

De fato, isso explica por que frequentemente somos bastante rígidos em justificar o que nos sugere nosso mundo interior, ou – pelo contrário – não consideramos sequer dever confrontar o que estamos dispostos a fazer com determinado código de comportamento moral, qualquer que seja ele, ou com os outros (com quem nos contradiz ou gostaria de fazer-nos refletir sobre a presumida bondade daquela ação). Hoje, é sempre mais frequente deparar-se com esse tipo de autojustificação de conduta, que não nasce da referência a uma norma, mas – sem mais nada – do fato de que "estou disposto a agir assim", e pronto: esse "estou disposto" é como minha norma ética, mas, na realidade, é norma *a-moral*, visto que não nasce de um confronto com uma regra objetiva nem com a bondade ou o valor intrínsecos da ação em questão. Frequentemente, aquele "estou disposto a agir assim" torna-se prejudicialmente um álibi (*"não posso fazer nada se minha sensibilidade me orienta em tal direção"*), ou um direito de agir verdadeiramente daquela maneira (*"devo* agir de acordo com o que sinto"); na realidade, é também uma submissão, um tipo de dependência da sensação interior, ou é confundido com a "coragem de ser você mesmo", como se fosse sinal de maturidade de que, talvez, vangloriar-se, ou com a assim chamada "liberdade de consciência", expressão de que indubitavelmente se abusa hoje, sem dar nenhuma atenção ao modo como a consciência, ou a sensibilidade moral, se tenha eventualmente formado para levar àquela sensação. Voltaremos ao assunto.

Nesse sentido, falamos da sensibilidade como de um sistema que tende a funcionar em nós em circuito fechado, autoalimentando-se de modo tal que mantém aquela orientação e persegue o mesmo objetivo, influenciando necessariamente também o discernimento.

E, sempre nesse sentido, dizemos que a sensibilidade não é apenas energia, mas *produz energia*, uma vez que determina e faz nascer gostos, desejos, sonhos, projetos, entusiasmo, decisões, escolhas (ou rejeições) vocacionais... e tudo o que for na mesma direção, buscando o mesmo objetivo. A vitalidade-vivacidade de uma pessoa está intimamente ligada a seu modo de viver a sensibilidade. Quem é apagado ou medíocre, é como se tivesse renegado essa fonte preciosa de energia ou jamais aprendeu a geri-la com inteligência ou a encaminhá-la para a direção correta.

## 2.5. É possível formar a sensibilidade (ou a sensibilidade tem gramática própria)?

Já respondemos a tal pergunta no parágrafo 2.3, quando falamos da responsabilidade de cada um em relação à sensibilidade que se encontra nele ou que ele mesmo formou para si mesmo. Contudo, visto que há um preconceito bastante sólido e resistente a esse respeito, tratemos a questão a partir de outro ponto de vista.

De fato, também no âmbito psicopedagógico, há quem considere que não faz muito sentido considerar objeto de formação a sensibilidade, que seria como uma energia instintiva e natural, congênita e imodificável ("sou assim, que posso fazer?"). Com o risco, porém, sem a atenção formativa, de descobrir-se com uma sensibilidade reduzida a força bruta, que nunca foi educada ou que não foi corretamente educada, com sentimentos e desejos jamais questionados porque... "é preciso aceitar-se, e poderia até mesmo ser perigoso inibir e remover o que alguém experimenta". O problema é cultural em sentido amplo, ligado a certa mentalidade contemporânea, muito ajustada à linha da intangibilidade-inatacabilidade da pulsão interior, como emerge desse tipo de expressão que, quem sabe, quantas vezes ouvimos ao nosso redor (ou dentro de nós): "Respeite o que você sente", "seja livre para ser você mesmo", "tenha coragem de exprimir o que você é e sente", "seja espontâneo, não reprima a coisa mais bela que você tem: sua natureza", "perceber em você uma propensão é motivo suficiente para gratificá-la; aliás, você tem o dever de fazê-lo", "não seja uma pessoa coagida ou reprimida, pois isso não faz bem à sua saúde; ao contrário, tenha orgulho de sua humanidade, e você será feliz...".[5]

Na realidade, é banal e, às vezes, perigoso adotar sempre o princípio, embora atraente, do "vá aonde seu coração levar você". Ou, pelo menos, é preciso antes ver para onde o coração foi educado a deixar-se atrair, onde está seu tesouro, ou em qual direção propensões, pulsões, sentimentos estão acostumados a ir... Justamente, tudo depende do caminho formativo que, portanto, é possível, e que, de fato, todos levam adiante ou em sentido positivo e coerente com a própria identidade, ou em sentido negativo e não de

---

[5] Que seja possível formar a sensibilidade, demonstra-o seu contrário, ou seja, a possibilidade de sua deformação. Em seu dramático *I sommersi e salvati* [ed. bras.: *Os afogados e os sobreviventes: os delitos, os castigos, as penas, as impunidades*, São Paulo, Editora Paz e Terra, 2016], Primo Levi narra que os soldados da SS (Tropa de Proteção) pediam a colaboração de alguns prisioneiros, escolhidos para as operações mais ignóbeis e repugnantes, como a equipe encarregada de cuidar dos fornos crematórios (aquela a que Levi chama de "a zona cinzenta"). No início, os guardas nazistas eram muito desdenhosos em relação a esses colaboradores forçados, na realidade, privilegiados, mas depois – com o passar do tempo – tornava-se sempre mais uma relação como entre iguais, quando os próprios guardas constatavam que tinham conseguido transmitir os próprios sentimentos perversos àquelas pessoas que, em razão disso, haviam salvado a própria vida. Se o homem pode descer tão baixo assim, então é possível também fazer o caminho oposto! (cf. P. Levi, *I sommersi e i salvati*, Turim, Einaudi, 1991, especialmente o capítulo II, "La zona grigia").

Amedeo Cencini

acordo com a própria identidade; seja de maneira cônscia e atenta, seja de modo inconsciente e distraído, como provavelmente acontece na maioria dos casos.

Quem não assume seriamente a responsabilidade de formar a própria sensibilidade, cedo ou tarde se verá a ignorá-la, ou a não saber como gerir sentimentos ou impulsos, e a padecer – consequentemente – da assim chamada "ditadura dos sentimentos", ou já não será livre para dirigir essa preciosa energia ou esse rico mundo interior segundo seus ideais de vida ou segundo sua identidade. Jamais aprendeu sua gramática, o percurso metódico a ser seguido, ou concluirá que não existe nenhuma gramática da sensibilidade.

E não é, talvez, hoje, imperante essa ditadura? O engraçado, ou triste, é que de modo frequente quem se acha dominado por essa autoridade não se dá conta, ou confunde, o que é pior, a própria escravidão com a sensação-ilusão-reivindicação de ser livre.

## 2.6. Identidade como ponto de referência educativo-formativo

Se o trabalho de formação da própria sensibilidade é possível e obrigatório, é necessário esclarecer bem sobre que fundamento esse trabalho deve ser conduzido, ou qual deveria ser seu ponto de referência e de chegada. Já no passado, de fato, falava-se de algo análogo, mas em sentido apenas negativo: era chamado de "mortificação dos sentidos", como uma ascese dedicada a reprimir o exercício de um elemento fundamental para a sensibilidade como os sentidos (e, no entanto, não o único), mas em que não era suficientemente claro o ponto de chegada ou a meta positiva, com o risco de converter-se em um tipo de renúncia pela renúncia, não assaz motivada por uma perspectiva de crescimento para a própria sensibilidade humana e cristã.

Na realidade, se a sensibilidade é parte relevante de nossa personalidade e contém uma energia que nos torna capazes de paixão, é indispensável que esteja *em íntima sintonia com nossa identidade pessoal e coerente com ela*. Que, de alguma forma, dela nasça e a ela reconduza, promovendo-a e reforçando-a.

Para um crente qualquer, tanto mais se comprometido com o testemunho como leigo, pessoa casada, presbítero, consagrado, o ponto de referência para sua identidade, como já lembramos, são *os sentimentos ou a mesma sensibilidade do Filho, do Servo, do Cordeiro*, obviamente segundo, então, a específica vocação particular. Conseguintemente, ele será chamado a inclinar-se para um objetivo que parece humanamente inalcançável e totalmente baseado no humano, nos sentidos, sensações, emoções, sentimentos, afetos... Nada, nenhum aspecto da própria humanidade fica fora desse percurso, uma vez que tudo o que a pessoa experimenta em si mesma deve ser verificado segundo o que o homem Jesus viveu no próprio coração, e torna-se lugar e momento formativo. Com isso, a formação ganha em concretude e em profundidade: converter ou evangelizar sentidos e sentimentos, emoções e desejos, gostos e critérios avaliativos, escolhas e modos de escolher não é a mesma coisa que mudar gestos e comportamentos; exige uma intervenção formadora que alcance deveras o coração, no sentido bíblico do termo, como centro do pensar e do amar, do querer e do decidir. Do contrário, se se detém na esfera externa, é mera intervenção estética, e, em último caso, farisaica.

Por outro lado, se a identidade (ou o próprio eu ideal, a própria vocação) não inspira a sensibilidade ou pretende abster-se dela, é somente teoria e veleidade, como um ideal não suficientemente amado nem desejado; enquanto a sensibilidade (sentimentos, impulsos, emoções) é, na prática, ignorada, subestimada ou temida. Se, ao contrário, é a sensibilidade – por sua vez – que pretende afirmar-se sem inspirar-se na identidade da pessoa e não se conforma a ela, corre o risco – não havendo uma norma – de tornar-se algo selvagem e puramente instintivo; será, talvez, espontânea, mas de maneira nenhuma livre, como lembramos anteriormente.

No primeiro caso, teremos um sujeito quiçá fiel ao dever, mas um pouco menos a si mesmo e à própria verdade, uma pessoa e, talvez, um apóstolo sem paixão nem criatividade; no segundo caso, o indivíduo será dispersivo e inconclusivo, com um discreto caos interior que o coloca em contradição consigo mesmo e, uma vez mais, diante daquilo que é chamado a ser. Em nenhuma das duas situações, teremos uma pessoa consistente, na qual todas as energias seguem na mesma direção, a da própria identidade e verdade.

Antigamente, talvez, a formação seguisse na primeira direção; hoje o risco é que prevaleça a segunda...

## 2.7. "Vocês são dos nossos ou vêm do inimigo?"

Falávamos da diferença entre determinada maneira de proceder do passado e a atual. Sem fazer nenhuma crítica demasiado fácil aos tempos passados, é evidente o modo específico de tratar a sensibilidade por parte da ascética tradicional em vista de um discernimento. Explico-me com um exemplo. Se, outrora, um indivíduo sentia dentro de si, e confessava ao diretor espiritual, antipatia, rejeição, mal-estar relacional com outra pessoa qualquer, amiúde escutava da pessoa que o orientava um discurso assim: "O que você sente dentro de si mesmo não é tão importante. O que conta é seu comportamento. Portanto, não deve dar demasiada importância a seus sentimentos negativos, e muito menos lhes dar ouvido; o que você deve fazer é simplesmente os ignorar, ou tratá-los como uma tentação que deve ser vencida. É suficiente, e importante, que não aja segundo seu sentir, se esse sentir for hostil ao outro, e, portanto, basta que procure tratar essa pessoa com bondade e gentileza. Aliás, se você, espontaneamente, não sente vontade de procurá-la ou de estar com ela, aprenda a reagir a esse sentimento natural com uma conduta exatamente contrária, optando por estar ao lado dela e preferindo até mesmo sua companhia, porque... sabe de uma coisa? Seu mérito será ainda maior se você se obrigar a agir opostamente ao que sente no coração. Quem sabe, pode ser que assim prosseguindo, se for fiel a esse modo de agir, aquela pessoa se lhe tornará até mesmo simpática...".

A indicação tem sua lógica ou mostra uma "boa vontade" que deve ser respeitada. No entanto, incorre em um erro imperdoável no plano tipicamente formativo: o de não provocar o outro a questionar-se, antes de mais nada, sobre o *significado* do sentimento antirrelacional que está experimentando, a perguntar-se *de onde* vem, *como é que* apareceu em seu coração e em sua mente, e *por que* justamente em relação àquela pessoa e não a outras. O convite a não dar atenção ao sentimento de antipatia não estimula a perguntar o que aconteceu na vida do indivíduo para que experimentasse, em algum momento, essa rejeição no que diz respeito ao outro. Em resumo, é demasiado pouco (ou demasiado fácil) e, em última análise, frustrante e contraditório agir somente com base na conduta externa, ou autojustificar-se alegremente, chamando apressadamente de "natural" um sentimento de antipatia ou de rejeição, sem indagar-se sobre seu porquê.

Quanto ao passado, é muito interessante o que os Padres do Deserto ensinavam a fazer com os próprios pensamentos, para não sofrê-los, mas, de algum modo, submetê-los a um interrogatório: "De onde vocês vêm? São dos nossos ou vêm do espírito do mal?". Se você enfrentá-los desse modo, acrescentavam seguros esses eremitas, sábios conhecedores do coração humano, tais pensamentos não poderão deixar de confessar-lhe sua origem.[6] Então e somente então, uma vez que tivermos descoberto sua proveniência (boa ou má), poderemos agir coerentemente com tudo o que nos passa pela cabeça ou se encontra em nosso coração: pensamentos ou afetos, emoções e sensações, favorecendo o que tem boa raiz e não dando prosseguimento ao que está viciado na raiz.

---

[6] Cf. Padres do Deserto, *Detti. Collezione sistematica*, Magnano, Qiqajon, 2013, XXI, 16 (Atanásio também fala a respeito em *Vita di Antonio*).

DESDE A AURORA EU TE PROCURO

A verdade é que, se determinada realidade (ideia, sentimento, propensão, rejeição, tentação), de algum modo, aparece ou está sempre mais presente em nosso mundo interior, quer dizer que nos pertence, faz parte de nós, não cai do céu, não foi lançada em nosso campo de noite "pelo inimigo" (cf. Mt 13,24-30). De alguma forma, somos responsáveis por isso, pelo menos por tudo o que fazemos para compreender sua raiz e intuir aonde poderia conduzir-nos, para entender o que nos está dizendo sobre nós mesmos, conhecido e menos conhecido, ou até mesmo inconsciente; somos ainda responsáveis por aquilo que fazemos para manter isso sob controle em nosso exame de consciência (verdadeiramente "de consciência", uma vez que nos ajuda a descobrir o inconsciente[7]), e, depois, confiá-lo à misericórdia do Senhor no momento penitencial; a fim de que o Senhor dele nos liberte com nossa colaboração responsável. Em suma, dessa atenção, especialmente se for regular, advém grande vantagem: melhor conhecimento de nós mesmos e das áreas onde deveríamos concentrar os nossos esforços no caminho formativo da vida.

Com outras palavras, não basta corrigir a conduta ou preocupar-se com que seja perfeita (ou que se salvem as aparências); ao contrário, é preciso que tudo quanto é percebido como dissonante em relação aos próprios valores e à própria identidade seja colocado em crise ou em discussão, purificado, descoberto em sua eventual raiz pagã,

---

[7] Não é verdade que o inconsciente seja totalmente inacessível, ou seja-o somente com instrumentos técnicos; quem aprende a perscrutar regularmente o próprio mundo interior, os próprios afetos e pensamentos, aos poucos conhecendo algo mais a respeito deles.

reorientado... Do contrário, recaímos em uma forma moderna de farisaísmo, de conduta falsa, de realidade esquizofrênica, que esconde o que é podre e não permite que o indivíduo se coloque em crise, iludindo-se a si mesmo. Não, porém, os outros, que sentirão seu testemunho como débil e não crível, e não se sentirão tocados por sua palavra.

## 2.8. *Para ser crentes felizes*
*(mas também para saber chorar)*

O discurso sobre a sensibilidade reveste-se de notável importância seja no plano do caminho crente, seja no humano. Ela, de fato, consente-nos viver plenamente nossa humanidade, a profundidade das emoções, a intensidade dos sentimentos, a riqueza das intuições, a constante novidade de uma vida que se deixa atrair pelo que é verdadeiro, belo e bom. E que nós, crentes, reconhecemos no Deus de Jesus Cristo. O caminho de formação da sensibilidade é um verdadeiro e autêntico caminho de fé, porque é precisamente por meio desse caminho que progressivamente os nossos sentidos, sensações, emoções, sentimentos, desejos aprendem a ver, sentir, tocar, desejar a Deus.

Uma fé desprovida de sensibilidade é apenas intelectualismo ou moralismo, não é fé. Pelo contrário, é em virtude da sensibilidade que aprendemos a *desfrutar*, inclusive intensamente, daquilo que está ligado à nossa identidade-verdade e de modo coerente com ela: deliciamo-nos com Deus e com o fato de sermos seus filhos, gostamos de seu amor e de ser chamados a amar e a desfrutar a sua maneira, assim como ele o faz; gostamos de fazer as coisas para ele e diante dele e somente para ele, para agradá-lo e usufruir de seu olhar; somos felizes por querer bem aos outros e por poder servi-los; estamos contentes (ou bem-aventurados) até mesmo quando a vida não nos sorri e somos atacados ou ofendidos, humilhados e tratados injustamente, como os apóstolos "alegres por terem sido considerados dignos de injúrias por causa do santo Nome" (At 5,41).

Em suma, não fazemos apenas nosso dever, talvez com algum desprazer e nostalgia de uma vida mais despreocupada e sem tantas obrigações, mas *sentimos prazer em fazê-lo*. E isso graças à sensibilidade e à sua formação, que nos permite amar nossa identidade e verdade de ser como uma coisa bela, desejá-la como algo que realiza o máximo de nossas possibilidades, escolhê-la cada dia de nossa vida como aquele mistério que nos revela a nós mesmos e nos permite dar sentido a cada fragmento de nossa vida. Deus não quer soldadinhos de chumbo obedientes, mas filhos felizes!

Um triste observante (de normas e preceitos, ou dos votos, ou da tradição etc.), mesmo se perfeito em sua observância comportamental, entre outras coisas, é um padre ou consagrado, ou leigo que não dá nenhuma garantia de fidelidade, uma vez que é como uma pessoa dividida interiormente: por fora, uma conduta perfeita; por dentro, gostos e propensões que vão em outra direção, que – dado que é triste – não aprendeu a gozar de uma vida pobre e casta, humilde e *ob-audiens* [obediente], de intimidade com Deus, amigo e tesouro, de serviço aos mais pobres...

Ao mesmo tempo, a atenção formativa para a sensibilidade nos torna capazes de *sofrer e de chorar*, que é a outra grande qualidade e dignidade do ser humano, mas não de sofrer por mim mesmo e pelas impressões desfavoráveis que suscito em público, mas sim por aquilo pelo qual vale a pena sofrer, ou seja, pelo que ainda não está conforme minha identidade. E, portanto, capaz de sofrer por meu pecado e por não me deixar amar pelo Eterno; capaz de *sofrer-Deus*,[8] seu silêncio e seu mistério, sua essência e seu não se deixar encontrar onde eu gostaria que ele estivesse. A atenção educativa à sensibilidade nos torna livres para sofrermos *à maneira de Deus*[9] e com sua mesma sensibilidade, por aquilo que é capaz de provocar o sofrimento de Deus, isto é, pelo ser humano que se distancia de Deus, pelo ser humano que é recusado pelo ser humano, por quem está perdendo a própria dignidade.

A sensibilidade, nesses casos, ou seja, quando entramos em contato com o sofrimento humano e alguém, concretamente, nos narra a própria dor, é capaz de submeter-nos ao exame de consciência mais veloz e verdadeiro, em torno desta questão: sou capaz de sofrer pelo sofrimento do outro? Sinto-me mal pensando em seus dramas, ou deles me esqueço a partir do momento em que ele for embora? Meu coração é livre para hospedar ao menos um pouco da dor escutada? O outro, que me contou sobre sua dor, parte aliviado depois do colóquio, porque pôde depositar em mim pelo menos uma parte, ainda que pequena, do próprio drama?

---

[8]    Seria o *pati Deum*.

[9]    Novamente na fórmula da espiritualidade medieval, seria o *pati sicut Deum*.

Se posso responder sim a essas perguntas, então minha sensibilidade está formando-se na direção correta, determinando discernimentos apropriados. Se assim não for, é somente fingimento. E também meu colóquio com a pessoa desesperada, inclusive a acolhida e a escuta que creio haver-lhe oferecido, assim como minhas palavras de conforto... tudo isso corre o risco de ser somente aparência que não alcança o coração do outro, porque não parte de um coração que aprendeu a sofrer e a chorar pelo outro, que aprendeu a com-paixão. Como o de Jesus.

Mais acima, fizemos uma rápida referência à inadequada sensibilidade penitencial e moral daqueles que foram envolvidos nos sórdidos casos dos escândalos sexuais. Mas o problema não parece ser somente daqueles poucos (em relação à maioria não transgressiva) que cometeram tais abusos, mas, pelo menos no passado (não totalmente passado e desaparecido), de toda a Igreja, que tendia a encobrir esses fatos, a esconder tudo para... evitar os escândalos, assim dizia (autojustificando-se), e proteger a boa fama do "reverendo" abusador. Entretanto, que credibilidade (e sensibilidade) mostra uma Igreja mais preocupada com a boa consideração de si mesma e de seus ministros, em vez de com o sofrimento de tantas vítimas deles? Onde está o Evangelho em tudo isso? Não é este o verdadeiro escândalo, uma Igreja que não sabe com-padecer-se?

## 2.9. Por toda a vida

Justamente da análise do papel e da importância da sensibilidade nasce o conceito de *formação contínua*. Uma vez esclarecido o que seja sensibilidade, aí se encontra inevitavelmente a lógica da formação permanente. Que é a ideia verdadeiramente nova destes tempos a respeito da identidade do crente e do consagrado, e de sua formação, e que aparece imediatamente não tanto como uma questão de intervenções extraordinárias vindas de fora (cursos especiais periódicos ou *una tantum* [uma só vez] sobre assuntos de interesse, espirituais ou pastorais), precisamente para manter o tom, mas como *o modo de ser de quem compreendeu que ele é o responsável pelo próprio crescimento, e que o crescimento se concentra e se decide principalmente na própria sensibilidade*, para que seja coerente com a própria identidade vocacional. Se a formação, de fato, consistisse somente na aprendizagem de novas atitudes ou na mudança de determinadas condutas e modos de viver, poderia ser suficiente um tempo bastante limitado. Mas se trata de chegar a ter em si os mesmos sentimentos do Filho obediente, do Servo sofredor, do Cordeiro inocente; então, está claro que é necessária toda a vida, inclusive a morte. Na realidade, todos sabemos bem que é a vida que nos forma, não o noviciado ou o seminário. A formação inicial, quando muito, tem a tarefa de inspirar na pessoa a disponibilidade para deixar-se formar por toda a vida.[10]

Em um caminho que durará a vida inteira.

## 2.10. Elementos constitutivos

Por fim, na conclusão desta apresentação das características essenciais da sensibilidade, vamos ver do que "é

---

[10] Seria a famosa *docibilitas*, ou seja, a atitude de quem aprendeu a aprender (cf. A. Cencini, *Formação permanente: acreditamos realmente?*, tradução de José Bortolini, São Paulo, Paulus, 2012); Id., *La formazione permanente nella vita quotidiana. Itinerari e proposte*, Bolonha, EDB, 2017.

feita" a sensibilidade, ou quais são seus conteúdos ou elementos constitutivos. Já nos referimos a eles aqui e ali, mas é preciso explicitar o que, às vezes, é dado como evidente e corre o risco de jamais ser indicado com precisão, com a consequência de que muitos, hoje, inclusive entre os que trabalham na formação, não saberiam indicar tais elementos, nem têm uma ideia de como ela se forma e, particularmente, de quais poderiam ser as consequências e as recaídas de tal processo evolutivo sobre a vida ministerial e sacerdotal.

Imaginemos, então, como poderiam acompanhar um percurso formativo.

Por enquanto, contentemo-nos com simplesmente nominar esses componentes para, em seguida, analisá-los, nos capítulos subsequentes, do ponto de vista formativo.

A formação da sensibilidade começa com os *sentidos*, os nossos cinco sentidos, que continuamente ativamos, garantindo-nos a relação (a conexão) com a realidade; mas talvez não conheçamos igualmente bem o tipo de conexão que une os sentidos *externos* aos sentidos *internos*, igualmente ativos e eficazes.

Intimamente ligadas aos sentidos – têm a mesma raiz – estão as *sensações*, ou seja, uma reação imediata, principalmente em nível psicossomático, à realidade que vivemos. E, em seguida, as *emoções*, que exprimem sempre a resposta, mas mais de tipo emotivo e menos ligada ao corpo, à própria realidade.

As emoções que se convertem mais frequentemente em ação tendem a criar os *sentimentos*, que indicam já algo estável no âmbito interior, e sobre o qual deveria concentrar-se a ação formativa.

Os sentimentos, de fato, imprimem já uma orientação ao rico mundo interior do indivíduo e podem fazer nascer *afetos*, como vínculos profundos e estáveis, ou até mesmo *enamoramentos e paixões* por outras pessoas ou por um ideal de vida. Com a consequência natural – sempre no plano sentimental – de *desejos, expectativas, sonhos, fantasias*, mas também – no plano intelectual – de *pensamentos, projetos, critérios avaliativos ético-morais* e – no nível volitivo – *critérios de escolha, motivações, escolhas concretas.*

Poder-se-ia dizer que sentidos, sensações, emoções e, em parte, sentimentos exprimem a sensibilidade em sua fase *reativa*. Ao passo que, novamente, sentimentos e depois desejos, pensamentos, critérios avaliativos e decisórios, e, ainda mais, afetos e paixões manifestam a sensibilidade como força *proativa*, que discerne e decide.

Levemos sempre em conta que todo esse percurso é o clássico rio subterrâneo, ou seja, somente às vezes aflora no nível da consciência plena, frequentemente se move de maneira incógnita, debaixo dela, subtraindo-se a qualquer observação ou aos instrumentos normais de levantamento adotados na formação. Este é um detalhe que torna ainda mais complexo o discurso e exige certo tipo de atenção.

## 3. O Espírito Santo, sensibilidade de Deus

Talvez, ao término desta tentativa de descrição, possamos avançar além do nível até aqui escolhido, ou seja, o

DESDE A AURORA EU TE PROCURO

da análise acima de tudo psicológica ou psicopedagógica, e observar – com um pouco de presunção – o que acontece em um nível transcendente e teológico, até mesmo dentro das relações intratrinitárias. Sem nenhuma pretensão de fazer afirmações teológicas demasiado formais e de descobrir quem sabe o quê, parece-me que percebo assonâncias significativas entre tudo o que foi dito até agora a respeito daquela particularíssima expressão da personalidade humana, que é a sensibilidade, e a terceira pessoa da Trindade Santíssima, o Espírito Santo, tradicionalmente envolta em um halo de mistério.

Se o Espírito Santo é e representa a potência divina de amor, ou a relação entre Pai e Filho, eternamente orientados um para o outro, e se a sensibilidade indica a orientação afetiva da pessoa, não me parece impróprio chamar o Espírito de *a sensibilidade de Deus*, aquele no qual Deus Pai e Deus Filho manifestam juntos seu coração, sentimentos, emoções, propensões, paixões... Não é, talvez, o Espírito Santo a fantasia desalinhada e, ao mesmo tempo, ordenada da energia divina de amor criativo e redentor?[11]

Nenhuma pretensão de eliminar aquele halo de mistério, simplificando o que há de transcendente e de inacessível, mas é justamente a história da salvação e, particularmente,

---

[11] Em contraposição a essa imagem de Deus e do Espírito de Deus, tão rica de calor e de paixão, vem à mente a imagem singular com que Dante Alighieri representa o diabo no inferno, sentado em um trono de gelo, no gelo do amor sufocado (Lo 'mperador del doloroso regno / da mezzo 'l petto uscia fuor de la ghiaccia [Do aflito reino o imperador eu via: do gelo acima o seio levantava], *Inferno* XXXIV, 28-29; cf. também Papa Francisco, *Mensagem para a Quaresma*, 2018).

os gestos salvíficos de Jesus, que agia por obra do Espírito, nos dias de sua vida terrena, que nos revelam essa assonância luminosa, tornando o mistério mais familiar e compreensível para nós, seja o divino (ligado ao Espírito), seja o humano (conexo com nossa sensibilidade, também esta, às vezes, misteriosa).

Exatamente por isso, Jesus acena frequentemente ao Espírito Santo, quando exulta de alegria no Espírito (Lc 10,21), quando o promete a nós como aquele que nos dá consolação e força, e mantém viva em nós a presença do Filho, fazendo-nos compreender sua palavra (cf. Jo 16,4-15); e é sempre o Espírito que parece conduzi-lo durante a existência terrena, até mesmo no momento dramático das tentações no deserto (cf. Mc 1,12). Por outro lado, Paulo recorda-nos que o Espírito é aquele no qual unicamente nos é possível dizer "*Abbá*, Pai..." (Gl 4,6; Rm 8,15), visto que a oração só é verdadeira se for rica de emoção filial, grito orante apaixonado, coração pleno de amor, arrependimento que vem do fundo da alma. Então, se tudo isso é verdadeiro, quando rezamos é o Espírito que reza em nós, *e a oração humana é o espaço da sensibilidade divina em nosso coração.*[12]

Mistério grande e também contido naquela realidade tão humana e, portanto, pequena, que é nossa sensibilidade!

---

[12] Cf. A. Cencini, *Abbiamo perso i sensi? Alla ricerca della sensibilità credente*, Cinisello Balsamo, San Paolo, 2012.

# II ACCENDE LUMEN SENSIBUS: AS MARGENS DO CORAÇÃO

Começamos a ver, então, como é possível esse itinerário formativo da sensibilidade, na convicção de que existe um *ordo*, uma regra ou caminho educativo objetivo. Minha hipótese de trabalho é que tal norma seja reconhecível exatamente naqueles elementos constitutivos que indicamos na parte conclusiva do capítulo anterior, como etapas de um caminho ordenado e objetivado.[1] Tal ordem, de fato, parece respeitar certo critério genético da sensibilidade e, portanto, pode oferecer-nos indicações muito úteis em âmbito pedagógico.

## 1. Os sentidos e sua função

A formação da sensibilidade parte da dos sentidos, que representam o elemento mais exposto dela, mais em contato com a vida que palpita ao nosso redor. Formação que deve considerar as características essenciais dos próprios sentidos.

### 1.1. Sentidos externos e internos

É significativo que na antiga espiritualidade medieval, no hino que se tornará a súplica por excelência de toda a

---

[1] Cf. cap.1, parágrafo 2.10 ("Elementos constitutivos").

Igreja, de geração em geração, ao Espírito Santo, que é – como vimos anteriormente – a sensibilidade de Deus, se reze justamente assim: *"Accende lumen sensibus"*. Literalmente: "Acendei (ou dai) a luz aos sentidos".

Como a dizer: os nossos sentidos poderiam ser desprovidos de luz, estar envoltos pela obscuridade, ser funcionalmente eficientes, mas não realmente em condições de ver, sentir, tocar, degustar... no sentido mais profundo dessas operações. Ou seja, ser apenas impressão sensorial exterior, ou com um envolvimento que nos distancia de nossa identidade e verdade. Como aqueles ídolos de que fala o Salmo, que têm boca e não falam, têm olhos e não veem, têm ouvidos mas não ouvem, têm mãos mas não tocam... (cf. Sl 115,5-7), de tal sorte que "sejam como eles os que os fabricam" (Sl 135,18).

Na realidade, causa estupor o fato de que os milagres de Jesus, em sua grande maioria, estejam relacionados aos sentidos: cura de surdos, mudos, cegos, paralíticos... não somente para restituir a todas essas pessoas a cura física, mas para levar todos os presentes a compreender, a partir dos fariseus, terminando com os discípulos, que é possível ter sentidos funcionando só aparentemente, sem que se dê conta disso, a ponto de o verdadeiro cego ser aquele que presume ver, como o verdadeiro surdo pensa que ouve, e o verdadeiro paralítico é aquele que não percebe que está imóvel ou que tem um coração duro ou a mão incapaz de autêntico contato. E se essas curas são sinal messiânico, isso quer dizer que a nova realidade anunciada por Jesus e que já começa desde agora levará a humanidade inteira a redescobrir-recuperar a própria dignidade ofendida pelo pecado, ou que os novos céus e a nova terra serão habitados por pessoas que vivem plenamente sua capacidade sensorial. Seres humanos novos, "acesos" pelo Espírito e, por conseguinte, em condições de ver além da mera capacidade sensorial ou rigorosamente racional, e onde outros, talvez, não veem: "Um homem" – escreve, de fato, Ratzinger – "vê sempre somente na medida em que ama".[2]

Então, temos certeza de que nossos sentidos estão saudáveis? Pergunta intrigante e importante, porque a formação da sensibilidade começa justamente com a dos sentidos. Mesmo assim, pergunta muito rara e insólita.

## 1.2. As margens do coração

Nossos cinco sentidos nos foram dados justamente para vivermos o *relacionamento com a realidade*. Somos como as margens do coração, ou como um tipo de ponte levadiça, por meio da qual saímos do castelo de nossa individualidade, a fim de que não fique fechado em si mesmo como fortaleza inatacável, e nos comuniquemos com o exterior. E são *externos e internos* exatamente para favorecer em diversos níveis tal relacionamento com a realidade, para que seja um relacionamento pleno e intenso. A cada um dos sentidos externos (ou materiais), de fato, corresponde um sentido interno (ou espiritual), que nos permite "ver" não somente com os olhos da carne, mas também

---

[2] J. Ratzinger, *Perché siamo ancora nella Chiesa*, Milão, Rizzoli, 2008.

com os da mente; "ouvir" não apenas sons e palavras que atingem nosso tímpano, mas de modo espiritual; contemplar com o coração, ter gostos espirituais, comover-nos.... Os sentidos espirituais ampliam de modo significativo o âmbito perceptivo humano e tornam-no ainda mais rico e capaz de captar o coração profundo da realidade, de sentir sua pulsação.

Os sentidos são o primeiro contato com a realidade; as informações que eles recolhem são, portanto, a matéria-prima da qual parte a cadeia de sensações, emoções, afetos, desejos, critérios decisórios... que depois formarão a sensibilidade da pessoa. Tudo o que temos no coração ou na mente passou primeiro pelos sentidos (assim como é natural que tudo o que há no coração condicionará o uso dos sentidos).

Sem os sentidos, não poderíamos relacionar-nos não só com a realidade que nos está mais ou menos vizinha, nem com as pessoas, mas tampouco com Deus, e menos ainda com o Deus dos cristãos, que, por sua vez, também tem sentidos, como sabemos, assim como nosso relacionamento com nós mesmos ficará igualmente deformado. É belo pensar que Jesus, antes de lembrar a Tomé a bem-aventurança de quem crê sem ter visto (típica de quem chegou à plena maturidade da fé), consinta com o desejo tão humano do apóstolo de vê-lo com seus olhos, de ouvi-lo com seus ouvidos, de tocar-lhe as feridas; e que, entretanto, ao longo do caminho da vida, esse con-tato sensorial seja o que torna *absolutamente pessoal* o ato crente ("*meu* Senhor e *meu* Deus", dirá depois Tomé, cf. Jo 20,27-29). Assim como é significativo que João, justamente ele, o místico, queira testemunhar "o que vimos com os nossos olhos, o que contemplamos e o que as nossas mãos apalparam da Palavra da Vida – vida esta que se manifestou, que nós vimos e testemunhamos, vida eterna que a vós anunciamos, que estava junto do Pai e que se tornou visível para nós" (1Jo 1,1-3)! Exatamente em tal direção vai o que diz Fausti sempre a propósito da relação entre fé e sentidos: "A fé é um par de pés para andar atrás do Filho Jesus no caminho rumo ao Pai, um par de orelhas e de olhos para ouvi-lo e vê-lo, de modo a segui-lo, um par de mãos para tocá-lo. O olho que encontra seu olhar é a nossa fé; o pé que segue suas pegadas é a nossa esperança; as mãos que o tocam no último irmão são nossa caridade".[3]

### 1.3. Atração pelo que é verdadeiro, belo, bom

Ao mesmo tempo, porém, outra coisa muito importante deve ser dita: nossos sentidos já são, de alguma maneira, *"calibrados" pela verdade, beleza e bondade*; tendem *espontaneamente* para o que é verdadeiro, belo e bom, assim como "nosso coração já está harmonizado com a palavra bela: quando a escuta, desperta-se e vibra de alegria".[4] Também os sentidos de uma criança, de fato, estão em condições de sentir-desfrutar o belo e de distingui-lo do feio, ou de

---

[3]  S. Fausti, *Una comunità legge il vangelo di Luca*, Bolonha, EDB, 2014, p. 141.

[4]  Id., *Lettera a Voltaire. Contrappunti sulla libertà*, Milão, Ancora, 2016, p. 39. Assim continua: tal palavra bela "é a nota de Deus na qual ressoa e resplende toda beleza. Enquanto a palavra feia fecha nosso coração em trevas e tristeza" (Ibid.).

intuir a diferença entre bom e mau, ao seu redor e dentro de si. Os sentidos infantis parecem expressar de modo particular uma atração ainda incontaminada. Padre Turoldo, com efeito, em uma oração-poesia, dirige-se a Deus com este pedido explícito: "Sentidos de menino te peço".[5] É uma atração-tensão espontânea e natural, ou pelo menos originariamente presente em todo ser humano, como uma boa semente semeada em cada um.

Contudo, trata-se de uma espontaneidade que deve ser progressivamente confirmada em um processo que interpela diretamente cada um. Em resumo, é preciso *educar os sentidos*. Não com a simples mortificação de antigamente, mas muito mais, ou seja, uma proteção e promoção inteligentes deles a fim de que conservem e aumentem a atração das origens.

## 2. Da bulimia à atrofia

Já nesse nível existe um espaço de liberdade no uso "sensato" dos sentidos (e de todos os cinco sentidos): um espaço a ser protegido e possivelmente a ser expandido. Visto que, de um lado, sou eu e deve ser eu e somente eu que decido o que querer, sentir, tocar. Não posso deixar que outros (dos agentes publicitários até as mensagens mais ou menos subliminares; de quem presume assumir um tom

---

[5] Trata-se da poesia que comenta o Salmo 131, "como criança desmamada no colo da mãe", e que continua assim: "... Sentidos de menino te peço, que me tornes interior e manso, e taciturno em tua paz. E possuir um coração claro" (D. M. Turoldo; G. Ravasi, Lungo i fiumi.... *I Salmi*, Alba, Paoline, 1994, p. 448-449).

autoritário a quem chantageia e engana mais ou menos ignobilmente) condicionem ou seduzam meus sentidos, sem que eu não me dê conta disso, ou sem nenhuma atenção àquilo de que eles se nutrem. É muito verdadeiro, de fato, o que observa Fausti: "Os olhos bebem o que veem. O que entra me habita".[6] Por outro lado, não posso pretender ver, sentir, tocar tudo.[7] Ou estar sempre conectado e em contato com o mundo inteiro, em tempo real, confundindo a vitalidade dos sentidos com a infatigável excitação deles, ou a dignidade e a autoestima com a quantidade de seus contatos e a pretensão de ter uma imediata confirmação a cada pedido de contato.[8]

---

[6] Fausti, *Una comunità legge*..., p. 13.

[7] Quem pretende fazê-lo, dizia aquele profundo conhecedor do espírito humano e de suas fraquezas e tentações que era Ancel, simplesmente não é nem confiável nem crível. "Aquele que julga poder ler tudo, ouvir tudo, ver tudo: aquele que recusa dominar a própria imaginação e suas necessidades afetivas, não deve comprometer-se com a via da perfeição. Às vezes se ouve dizer: 'Posso ler qualquer coisa, ver qualquer coisa sem nenhum perigo, nem sentir turbação'. Se alguém fala assim, não posso levá-lo a sério. Deus não poderia permanecer fiel a nós; nem se pode exigir dele que estabeleça para nós uma salvaguarda miraculosa" (A. Ancel, apud M. Pellegrino, *Castità e celibato sacerdotale*, Turim-Leumann, LDC, 1969, p. 22-23). Texto datado, mas extraordinariamente atual.

[8] Nesse sentido, diz algo aquele tipo de busca compulsiva por mensagens, mensagens de texto, e-mails, que está criando uma dependência quase geral e, ainda pior, uma deformação do relacionamento, como uma contradição: vivem-se muitas relações (virtuais), porém, não ao vivo, diante do outro, mas sim permanecendo fechado em si mesmo, a distância, sem se encontrar com os sentidos do outro, com seu rosto, suas reações. Esse fechamento substancial determinará um tipo de resposta bastante pobre e menos real porque desprovida do relacionamento direto com a pessoa e, de algum modo, fora dele.

Por conseguinte, deve-se estar muito atento àquele *delírio de onipotência* dos nossos sentidos que, graças aos instrumentos (do celular aos demais meios de conexão) de que hoje todos dispomos, a começar da criança ainda no berço, tenta um pouco cada um de nós, como se todos nos encontrássemos em uma festa louca, que muitas vezes termina em verdadeiras comilanças indiscriminadas dos sentidos. Não nos damos conta do risco que corremos e do dano que fazemos a nós mesmos e aos nossos sentidos: o risco de que a bulimia dos sentidos se torne, por sua vez, atrofia sensorial, com perda última de sua vocação originária, e aquela indiferença típica de quem parece ter "perdido os sentidos". Indiferença que tem sabor de morte. Quando os nossos sentidos perdem aquele gosto precioso pelo que é verdadeiro, belo e bom, somos nós mesmos que perdemos os sentidos.[9] E tal perda não já é uma morte?

É um pouco o que acontece com quem se nutre famelicamente de tudo, com o fito de comer e empanturrar-se, e, no final, perde o gosto dos alimentos. É um risco, dissemos, mas não tão eventual, porque é típico das bulimias converter-se em atrofias, aliás, toda bulimia é já uma atrofia.

---

E esse é, talvez, o aspecto mais problemático de tal dependência dos meios de (não) comunicação atuais.

[9] A respeito dessa temática, para outras reflexões, permito-me indicar ainda meu *Abbiamo perso i sensi?*, especialmente, p. 19-47, 165-200.

## 3. Do uso ao abuso dos sentidos

Em primeiro lugar, gostaria de ressaltar que aqui o termo de confronto não é tanto a fé ou a moral dos crentes, e que o que estamos dizendo não concerne antes de tudo, nem exclusivamente, à disciplina ou à conduta, mas a algo que faz parte da dignidade e da riqueza de cada ser humano e que é do interesse de todos salvaguardar e orientar com inteligência.

Um exemplo que frequentemente me acontece dar, visto que atual e pertinente, é o uso desenvolto do computador pessoal como instrumento que solicita de modo muito direto e provocante os nossos sentidos, especialmente se ainda há problemas não resolvidos na personalidade. Pensemos em um caso hipotético de sexualidade imatura, ainda ligada às típicas necessidades pré-adolescentes, como a da curiosidade sexual. Para além de todo moralismo, é claro que aquele que adquire o hábito de gratificar esse tipo de necessidade com visitas a sítios e vídeos diversos, onde se pode encontrar de tudo e para todos os gostos, se não forem até mesmo abertamente pornográficos, coloca-se em uma situação de contradição em relação aos próprios sentidos, seja quanto à "vocação" relacional deles, seja quanto à atração deles pelo que é verdadeiro, belo e bom.

Em tal gesto, de fato, não haveria, antes de mais nada, nenhum verdadeiro relacionamento *com aquele/aquela cujo corpo é exibido em rede*, nem respeito por sua dignidade; ao contrário, essa seria uma forma despudorada e vulgar de invasão da intimidade de outrem, de violência contra o outro e seu corpo, "usado" para gratificação da própria curiosidade sexual atrasada. Seria, e já é, verdadeiro e também mesquinho abuso (realiza-se, de fato, sem expor-se e permanecendo no anonimato).

Não haveria respeito sequer *para consigo mesmo e para com a própria verdade-dignidade de adulto*, uma vez que o sujeito aqui não apenas busca tardias e improváveis gratificações típicas de outra idade evolutiva (para dar o nome correto, tratar-se-ia de "regressão"), mas se deixa enganar por seduções virtuais ou apenas visuais ou impressas que não são absolutamente capazes de dar alguma verdadeira gratificação ao adulto, chamado a encontrar o outro em sua realidade viva e a interagir com ele, e tão somente criam dependência. De fato, a autoestima normalmente se ressente de modo negativo desse tipo de gratificações enganosas.

Tampouco aqui temos algum respeito pela *tendência relacional-pessoal* do instinto sexual que implica – por sua natureza – uma saída real de si para o outro, e não uma posse abusiva do outro.

Por fim, também não haveria nenhuma coerência com a própria identidade de *pessoa consagrada* e com a *verdade--beleza-bondade a ela ligada*. Quem conclui a própria jornada recorrendo a imagens e visões excitantes certamente não pode pretender encontrar dentro de si, ao amanhecer, o desejo de ver o rosto de Deus, típico de quem esperou a aurora "como as sentinelas pela manhã" (cf. Sl 129,6), para estar com seu Senhor, saboreando sua Palavra e captando sua beleza! Se encheu e nutriu os próprios sentidos com determinado alimento, (mal)educando-os a determinado tipo de sabores, se, pela manhã, acorda com a boca ainda pegajosa daqueles sabores, o mau hálito e aquela sensação de empacho e de frustração que provém de comilanças incontroláveis, não pode pretender apreciar outros gostos nem que sua sensibilidade seja atraída diferentemente (divinamente). Se os sentidos externos se nutrem de determinado alimento, em outras palavras, não se pode pensar nem pretender que o sentido interno correspondente vá em outra direção. E se, por acaso, também se perdesse aquele ressaibo frustrante e doloroso (como um remorso), então isso significaria que está desaparecendo, inclusive, o último resíduo de uma sã sensibilidade penitencial.[10]

Entretanto, tampouco haveria coerência, eventualmente, com a própria identidade de casado e com a natureza de uma relação tão total e envolvente com a pessoa amada, a ser partilhada com ela também, e, de modo particular, a sensação do prazer sexual, ou do ser o único motivo e lugar do prazer do outro. O prazer ligado aos sentidos está longe de ser sensação de baixa qualidade ou até mesmo tentação diabólica; é algo belo, como nota daquela harmonia de sons e cores pensada sabiamente por Deus e impressa na dinâmica da permuta sensorial, e de que aprende a desfrutar somente quem não busca exclusivamente o próprio prazer, alterando o uso dos sentidos, mas, ao contrário, sente prazer com a alegria do outro.

---

[10] A respeito desse assunto, cf. G. Cucci, *Dipendenza sessuale online. La nuova forma di un'antica schiavitù*, Milão, Ancora, 2015.

## 4. Responsáveis por nossos sentidos

Tal sujeito também não poderia iludir-se desse modo, como pensa mais de uma pessoa, que "não está fazendo nada de particularmente danoso e importante em si, porque no fundo tratar-se-ia apenas de algum momento de... 'distensão'; não será o máximo da fidelidade, nem para um consagrado, nem para uma pessoa casada, mas não é nada grave, apenas uma pequena concessão. No final – sempre segundo essa lógica falsamente apaziguante –, não estou fazendo mal a ninguém, de forma alguma... Em todo caso, isso não vai trincar minha opção celibatária ou meu projeto de consagração ao Senhor, ou de fidelidade plena à minha esposa; no fundo, não é que a tenha traído com outra...".

Não, não é assim, e seria ilusão insensata pensá-lo, porque tudo isso, ao contrário, vai influenciar ambas as coisas: a opção de vida e o projeto de pertencer sempre ao Senhor, ou a qualidade da relação com a própria esposa. Caso assim fosse, é justamente desse modo que começa a (de)formar-se a sensibilidade, com esse primeiro passo da gestão desencaminhadora dos sentidos. Onde cada decisão é inevitavelmente relevante, uma vez que provoca a orientação de determinada quantidade de energia em uma direção precisa, e assim vai formar o primeiro elemento de uma sensibilidade que poderá ser ou verdadeiramente *relacional* ou – ao contrário – em nada respeitosa do outro, e, portanto, de uma sensibilidade *moral-penitencial* atenta em ser em tudo coerente com a própria opção virginal ou conjugal, ou uma sensibilidade rude e ambígua.

DESDE A AURORA EU TE PROCURO

Não existem, diz a ciência psicológica (quanto a isso, talvez até mesmo mais rigorosa do que certa moral ou certo moralismo), escolhas insignificantes ou neutras sob tal ponto de vista; cada decisão, ao contrário, deixa o sinal e incide sobre a qualidade da própria sensibilidade, influenciando, em seguida, a escolha subsequente. Sensibilidade, vimos, quer dizer orientação emotiva, energia que vai e atrai em determinada direção, também e justamente por efeito dessas escolhas. Eis por que podemos dizer e reafirmar que *todos somos responsáveis por nossa sensibilidade*, e que *tal responsabilidade começa com o uso livre dos nossos sentidos, respeitando-lhes a natureza.*

Essa é também a razão pela qual a rica tradição espiritual desde sempre convida a orar ao Espírito Santo para que este dê luz aos nossos sentidos e não nos permita enganar-nos (e enganá-los)!

# III "O ODOR DAS OVELHAS": DOS SENTIDOS ÀS SENSAÇÕES

Se os sentidos aparecem como o primeiro elemento constitutivo da sensibilidade, o segundo elemento são as *sensações*. De resto, di-lo a própria palavra ou aquela raiz comum aos três termos em questão (sentidos-sensações-sensibilidade), mas, mesmo antes, a experiência que todos fazemos cada dia, ainda que apenas implícita e talvez jamais conscientizada plenamente, de modo especial em suas conexões. No entanto, é importante dar atenção a tudo isso. Até mesmo para o homem espiritual, ou para quem está acostumado a buscar a dimensão transcendente e misteriosa da vida. Não apenas para conhecer-se melhor e, talvez, descobrir a raiz de determinados estados de espírito, mas inclusive e, principalmente, para corrigir aquelas maneiras de ser e de relacionar-se que são menos adequadas a quem é chamado a ter a sensibilidade do Bom Pastor. Em suma, para sermos concretos, um sacerdote ou um anunciador do Evangelho insociável ou exibicionista não pode falar sobre si mesmo e dizer que ele é assim mesmo e deve aceitar-se como tal (e pretender ser aceito); pelo contrário, realisticamente deve compreender que, com sua atitude, torna inaceitável a Boa-Nova, como se a transformasse em uma má notícia.

Digamos, mesmo assim, outra coisa: derivamos de percursos pedagógicos preocupados sobretudo com a correção dos comportamentos e que jamais deram grande atenção ao que acontece "dentro". Com o risco não só de não aprender jamais a ler o nosso mundo interior, mas também de não encontrar em tempo nenhum o caminho de uma verdadeira conversão. Nesse analfabetismo intrapsíquico, imaginamos quão pouca ênfase era dada no passado às sensações e ao que significam e dizem a respeito de nossa realidade interior.

De fato, as sensações podem ter dois significados.

Em uma primeira acepção, sensações são *as reações globais (aparentemente automáticas e amiúde inconscientes na origem) a estimulações imediatas, correlatas ao funcionamento fisiológico e, portanto, visíveis.* Como, por exemplo, a resposta ao frio e ao calor, à fome, à dor, ao prurido banal, à necessidade sexual, à visão de uma pessoa atraente ou não, a uma situação percebida como desafio ou provocação (como o estar no centro da atenção e do julgamento de outrem, ou o encontrar-se sozinho). Trata-se, portanto, de um movimento visível ou perceptível (pelo menos para o sujeito que o experimenta) do nosso corpo.

Em uma valência um pouco mais ampla e completa, sensações são os estados de espírito de causa indefinida ou, em todo caso, não totalmente clara, mas que a pessoa percebe inclusive com reflexos sobre o físico e sobre a maneira de sentir-se. Como, por exemplo, sensações de frustração, insignificância, nervosismo, cansaço, indiferença, embaraço... de que a pessoa não está em condições de reconhecer com precisão a causa, e que dizem respeito, de algum modo, também ao corpo, manifestando-se igualmente através dele e frequentemente influenciando o humor geral.

Em ambos os significados que acabamos de ver, as sensações expressam a profunda conexão existente entre corpo e psique.

# 1. O corpo é "sábio" (e diz a verdade)

A primeira observação que podemos fazer é que em ambos os casos as sensações são uma linguagem psicofísica *automática*, que fala de nós *antes que o possamos controlar-ajustar-censurar*; diz o que somos de fato, para além do que gostaríamos de ser ou nos iludimos que somos, e nos dá informações muito realistas e úteis, infalíveis, poderíamos dizer. Se enrubesço e sinto dificuldade de respirar quando devo pregar o Evangelho ou "exibir-me" diante do público, provavelmente devo rever o significado subjetivo daquele ato nobre e que ultrapassa, portanto, minha pessoa, ou interrogar-me sobre as motivações que me levam a fazê-lo, que poderiam ser dissonantes com o anúncio da Palavra e seu testemunho.

## 1.1. Padre Jorge e a missa... ofegante

Padre Jorge é um jovem sacerdote que conheço há muito tempo, esforçado sinceramente em seu ministério sacerdotal, talvez um pouco demais, com uma ponta de perfeccionismo que se manifesta em um requinte litúrgico excessivo, quase como se ele estivesse no centro da celebração. Telefona-me com certo afã, pedindo-me um encontro com urgência. Imagino a costumeira gamação repentina, perturbadora e desorientadora para o pobre padre.

Em vez disso, conta-me a história singular de suas missas sempre mais cansativas e impossíveis. Há algum tempo, no momento de celebrar a Eucaristia, Padre Jorge sente-se tomado por uma agitação cada vez mais forte, com sintomas de natureza psicossomática: ansiedade, transpiração excessiva, tremor nas extremidades, taquicardia e, de modo especial – o que mais o aborrece –, "fôlego curto", como depois de uma corrida, que o impede de fazer tranquilamente as leituras e proferir a homilia. Já para não falar da amnésia que lhe obscurece a mente no momento da pregação, preparada com esmero. Evidentemente, o fato é bem visível a todos os fiéis na igreja, os quais inicialmente pensam que seu pároco se sente mal e precisa de ajuda. Mas a coisa se repete e o deixa terrivelmente nervoso, principalmente devido à má figura que faz e à natureza inexplicável do fenômeno, que o torna incontrolável. Pede ajuda e começa a costumeira via-sacra custosa (em muitos sentidos) das visitas e dos especialistas que, uma vez verificada a ausência de uma causa físico-orgânica, parecem rivalizar-se nas hipóteses mais previsíveis: cansaço, fadiga ao limite do esgotamento, nervosismo, pressão social, excesso de fardos e de responsabilidades (sem mencionar o habitual psicanalista que lança a hipótese, com absoluta certeza e falta de originalidade, de um problema sexual irresoluto). O que Padre Jorge busca, compreensivelmente, em particular, é que desapareçam os sintomas que lhe estão transformando a celebração em um tormento; por outro lado, está menos disponível a admitir que, se se trata de sintomas psicossomáticos, é necessário compreender de onde provêm, do que são sinais, o que revelam de sua consistência interior, psicológica e espiritual. É o que tento fazê-lo compreender: "Seu corpo está enviando-lhe determinada mensagem, padre. É preciso decifrá-la, e é de seu interesse fazê-lo porque, muito provavelmente, aqui se está manifestando algo pessoal, algo verdadeiro, que até agora você não foi capaz de perceber e que, de algum modo, está explodindo".

E assim, superando as resistências naturais defensivas (a respeito das quais um padre é particularmente perito), surge uma história de inferioridade, de busca constante de aprovação por parte dos outros, de consensos socioeclesiais. Progressivamente, esses fatores levaram nosso padre a dar importância excessiva a seus desempenhos sacerdotais perante os outros, porque a cada vez está em jogo a autoestima, a ponto de viver a missa, inclusive, como exibição do eu, particularmente em um momento em que suas capacidades estão em primeiro plano, expostas ao julgamento dos outros, como a homilia.

O bom Jorge não se dá conta disso, percebe somente as consequências muitíssimo desagradáveis dessa sutil ambiguidade interior, mas compreende, pouco a pouco, que o corpo – na realidade – está enviando-lhe um pedido de socorro, não consegue suportar a tensão excessiva criada por uma necessidade mal orientada e gerida de modo ainda pior; uma necessidade importante, como a da autoestima, mas que não pode ser gratificada pelos bons êxitos ou pelos consensos obtidos ou arrancados à vida e aos demais. Para Padre Jorge, a missa está tornando-se um momento em que tal tensão explode ao máximo: momento de extrema exposição social, repleto até mesmo de significados transcendentes como um valor acrescentado e, portanto, ocasião decisiva e preciosa para adquirir pontos e posições nessa improvável escalada rumo a um bem indispensável para qualquer pessoa, como é uma identidade positiva que, na realidade, desse modo, escapa cada vez mais.

E não pode ser de outra maneira, devido a uma contradição sempre mais evidente entre gesto intrinsecamente orientado no sentido heterorreferencial (para Deus e para os fiéis participantes) e interpretação do sujeito, que dela se serviria, de modo quase abusivo, para ajustar os próprios equilíbrios inseguros, ou para melhorar a percepção de si e a autoestima: uma contradição insustentável no longo prazo, tal como está acontecendo com Padre Jorge, e como seu corpo está dizendo-lhe, ou está tentando contar-lhe. Aquelas sensações, no fundo, são preciosas, indicam a reação sofrida, um tipo de rebelião da dimensão chamada comumente de inferior ou menos nobre do ser humano, que não aceita, que não pode suportar por muito tempo esse contraste insanável.

Provocado pela linguagem do próprio corpo ou por suas próprias sensações, Padre Jorge decide, finalmente, dar início a um percurso importante, que lhe desvela aspectos até agora desconhecidos de si mesmo, de sua identidade ainda insegura, de seu sentido de positividade colocado no lugar errado, ou seja, nos próprios talentos, nos resultados de suas próprias realizações, na estima e na apreciação por parte dos outros, dos superiores aos fiéis, talvez na carreira eclesiástica (discretamente sonhada, como surgirá no decurso da terapia). E, para ele, será um caminho muito surpreendente que, pouco a pouco, determinará também – mas será um efeito secundário – o progressivo desaparecimento daqueles sintomas incômodos durante a celebração eucarística, restituída, na sensibilidade do sujeito, ao seu significado intrínseco objetivo, transcendente e divino; portanto, finalmente celebrada com serenidade, já não "abusada".

O exemplo mostra-nos o significado e a função que podem assumir as sensações. Estas não devem jamais ser subestimadas, muito menos ignoradas. Se tenho determinada reação psicossomática diante de uma mulher, provavelmente esta não me é indiferente; poderia haver certo envolvimento emotivo em curso, talvez não seja somente simpatia inocente, talvez esteja enamorando-me. O que não é necessariamente um drama, mas seria tolice não prestar atenção a tudo isso, porque nada acontece por acaso em nós e em nossa psique, e porque nosso corpo não é, de forma alguma, tolo; ao contrário, semelhantemente à caixa-preta dos aviões, ele registra fielmente nossa vivência psíquica, também incônscia, e exprime-o novamente à sua maneira; uma maneira que poderá inclusive não nos agradar, porque nos leva a fazer uma má imagem (como acontece ao nosso padre), com sua linguagem de reações e sensações pouco controláveis.

Sábio é o corpo, mas também quem aceita e reconhece as próprias sensações como parte de si, e aprende a decifrar sua linguagem a fim de compreender onde trabalhar em si mesmo.

## 2. Sensação não significa ação

Segunda observação: *a sensação não impõe necessariamente a ação*. Perceber um estado de espírito não quer dizer forçosamente agir consequentemente. Ao contrário, ficamos em condições de conhecer-nos melhor para chegarmos a uma decisão mais cuidadosa e a uma ação mais coerente. Se, portanto, diviso uma sensação gratificante ao aproximar-me de determinada pessoa e ao manter com ela certo tipo de relação, não é dado como certo que eu deva satisfazer aquela sensação ou que a não gratificação tenha obrigatoriamente efeitos negativos sobre mim. Eventualmente, decidirei favorecer tal relacionamento somente se verifico que ele e determinado modo de vivê-lo e de satisfazê-lo estão em harmonia com minha identidade de virgem ou de desposado.

Não há nenhum automatismo intrapsíquico, em resumo, entre sensação e ação; de permeio, há a liberdade e a responsabilidade do sujeito que decide e deve decidir já nesses primeiros momentos como direcionar a própria sensibilidade. Quando, ao contrário, não há nenhum intervalo reflexivo e talvez autocrítico entre sensação e ação, ali a sensação se impõe e comanda a ação, enquanto o indivíduo corre o risco de tornar-se escravo dela, mesmo que se iluda, pensando que é livre porque... se "deixou levar". É uma espécie de sensacionalismo selvagem, de homem primitivo, ou típico de certa subcultura, e hoje, ao contrário, perigosamente em voga.[1]

---

[1] A esse respeito, não podemos deixar de pensar nos demasiados frequentes casos de violência inclusive homicida, muitas vezes determinados por motivos fúteis e perpetrados com discreta desenvoltura.

## 3. A sensação não é suficiente, mas, em todo caso, merece atenção

Na realidade, uma relação interpessoal não pode construir-se somente sobre as sensações, nem se pode edificar uma amizade ou um relacionamento que pretenda ser duradouro (como o Matrimônio) exclusivamente sobre o que se sente no estômago e no momento. *Nenhuma decisão deve ser tomada a partir unicamente das sensações.*

No entanto, isso não deve ser subestimado, visto que sempre diz também algo que existe e é real, que deve ser levado em consideração, mas que pode outrossim suscitar um processo salutar de mudança. Um Matrimônio, por exemplo, não pode realisticamente se basear somente e sempre na intensidade da atração-sensação sexual, mas, ao mesmo tempo, os cônjuges devem estar inteligentemente disponíveis a interrogar-se por que está se perdendo certo vínculo, interesse, busca do outro...

Muito menos uma relação que se pretenda pastoral ou de promoção do outro pode basear-se apenas nas sensações para favorecer a própria relação, se são positivas ou, ao contrário, para interrompê-la, mas se deve, apesar de tudo, levá-las em conta, principalmente se negativas, como sinal de um eventual mal-estar cuja raiz deve ser decifrada. Em uma direção espiritual ou em um caminho psicológico de crescimento, por exemplo, existem momentos, cedo ou

---

Às vezes, nem sempre, o gesto violento é, em seguida, renegado por seu próprio autor, o qual reconhece ter agido por impulso, precisamente a partir de sensações incontroladas.

tarde, nos quais aquele que é acompanhado ou dirigido percebe o cansaço da relação: se, na realidade, esta prossegue na direção correta, deveria tornar-se exigente, colocar o outro diante dos próprios demônios e inconsistências, pedir-lhe uma mudança de comportamento em várias áreas da personalidade. É, portanto, paradoxalmente bom sinal perceber esse desconforto – ai de nós se ele não existisse! –, pois ele expressa a qualidade da relação. Não teria sentido algum interromper a relação devido ao mal-estar percebido. É, quando muito, sua ausência, ou uma sensação única e demasiado positiva, que deveria levar a refletir sobre a efetiva qualidade psicológica e evangélica do caminho proposto, que não é um puro encontro entre simples amigos ou companheiros de merenda, preocupados principalmente em agradar um ao outro.[2]

## 3.1. Liberdade e responsabilidade em relação às sensações

Obviamente, a sensação merece atenção, principalmente se foi, de algum modo, provocada, ou se o sujeito, mesmo sabendo que certas situações produzem nele

---

[2] Recordo um gracejo frequentemente repetido por Padre Rulla, fundador do Instituto de Psicologia da Universidade Gregoriana: "Se, a certa altura do caminho de crescimento, a pessoa que você está acompanhando não o manda 'catar coquinho' (mesmo que não lho diga), duvide de que lhe esteja prestando um bom serviço". Obviamente, tal apelo (aplicável inclusive à relação de direção espiritual) diz muita coisa sobre a importância da liberdade interior e da pureza de intenções da parte do guia, que deveria ser capaz de suportar tais momentos negativos e até mesmo uma eventual rejeição, sem bater em retirada.

sensações correspondentes, não as evitou. Nesse sentido, tem seu significado o que certa moral recomendava, "evitar as ocasiões de pecado", em que o problema não é apenas *moral*, ligado a uma possível transgressão, mas antes mesmo *psicológico*, de suscitar ou aviar um processo que, em seguida, escapa ao controle do sujeito. Se, voltando ao exemplo do capítulo anterior, um indivíduo consente a seus sentidos externos determinado tipo de gratificação sexual visual, não poderá, posteriormente, lamentar-se da excitação que prorromperá espontaneamente, induzindo, talvez, ao autoerotismo. Tampouco terá sentido irritar-se com a fraqueza da natureza humana, tentada pelo espírito do mal, mas será necessário levar na devida consideração, lucidamente, a escolha que está na origem do processo. Nosso psiquismo, na realidade, é muito lógico e coerente em seus dinamismos, mas, no final, ele também obedece ao impulso que o sujeito dá àqueles dinamismos. É ali, em todo caso, que se deve intervir (e discernir).

## 3.2. *Índice de tolerância do mal*

Voltemos rapidamente à definição que demos de sensações e, particularmente, à primeira das duas acepções, segundo a qual sensações são *as reações globais (aparentemente automáticas e amiúde inconscientes na origem) a estimulações imediatas, correlatas ao funcionamento fisiológico e, portanto, visíveis*. É interessante observar – a esse respeito – que, inclusive, quando a sensação é reação predominantemente a um estímulo completamente estranho ao sujeito, como o calor ou o frio, a dor em decorrência de um mal físico ou de uma ferida, até mesmo em tal caso há uma expressão de liberdade e de responsabilidade do sujeito, o qual poderá, pelo menos até certo ponto, escolher sofrer passivamente as condições físicas ou meteorológicas (como o clássico meteoropático), agindo em conformidade, ou reagir a isso de modo ativo.

Precisamente nesse sentido, dizemos que cada indivíduo desenvolve um índice ou coeficiente de tolerância do mal que, normalmente, vai além do mal físico e se estende às condições existenciais mais ou menos negativas, às situações de bem-estar ou mal-estar psicológicos, quiçá determinadas por outros. Há quem se desespere com uma picada de alfinete, como se fosse uma tragédia; há quem suporte, com paciência, labutas e adversidades. Qual dos dois é mais livre?

Novamente, volta o tema da formação.

## 4. Educar as sensações

Portanto, é importante e principalmente possível intervir nas sensações, especialmente naquelas que nos aborrecem, até mesmo educá-las, mesmo que isso hoje pareça um pouco fora de moda e muitos possam não estar de acordo, preferindo, talvez, técnicas psicossomáticas de autossugestão,[3] às vezes, inclusive, de determinado efeito imediato (mais ou menos evidente e duradouro), para limitar-lhe os eventuais efeitos indesejados (o rubor do rosto, a

---

[3] Por exemplo, treinamento autógeno, métodos de autocondicionamento, de controle da respiração, ioga e afins...

respiração ofegante, os sinais de nervosismo... Padre Jorge também havia recorrido a esse tipo de intervenção).

Nós, ao contrário, falamos de educação das sensações, mesmo que se trate de uma intervenção *indireta*, ou seja, nas *raízes* que as determinam, e sem pretender resultados imediatos, como diremos depois. Isso é que faz a diferença não somente em relação a determinada cultura hodierna (que, de fato, as padece), mas outrossim respeitante a certa ascese do passado (que as reprimia), ambas – cultura atual e ascese antiga – menos propensas a um trabalho paciente em profundidade. Com o objetivo de aprender a acolher e a estimular as sensações que estão em harmonia com a própria identidade e verdade e, ao contrário, não traduzir em ação aquelas que não exprimem nem uma nem outra.

Em resumo, não somos onipotentes, mas podemos fazer algo significativo para orientar nossas reações interiores.

## 4.1. Alberto, o machão frustrado

O telefonema aborreceu-me um pouco. Do outro lado da linha, um jovem bastante agitado e invasivo, que queria absolutamente um encontro com hora marcada naquele mesmo dia, praticamente de imediato. Custou-me um pouco convencê-lo de que realmente eu não podia; em todo caso, tive de encaixá-lo entre as consultas do dia seguinte. Quem sabe qual problema tão urgente terá, pensei. Alberto, um homem corpulento, chega e sem mais rodeios nem meios-termos, mas com aquela apreensão que trai certa vergonha, contou-me – com linguagem que resultava ainda mais colorida devido ao uso do dialeto – que não conseguia ter relação sexual com sua namorada: algo se bloqueava e bloqueava-o, impedindo-lhe a plena satisfação, sem compreender o porquê: a clássica "ansiedade de desempenho". O fato incomodava-o terrivelmente devido à má impressão que causava perante a mulher. Estava muito enraivecido consigo mesmo e com o mundo inteiro, e isso era evidente. Disse-me, ainda, sempre com impudor de quem demonstra uma falsa segurança, que não tinha intenção de vir até mim muitas outras vezes; pedia-me "apenas" que lhe indicasse como sair dessa situação embaraçosa e insustentável, de grande humilhação para um grande "machão" como ele. Conseguintemente, pretendia um remédio bastante rápido e eficaz. Justifiquei-me antecipadamente lhe dizendo que, sem dúvida, eu não era a pessoa mais indicada, visto que não é exatamente esse um setor de minha competência. E que, em todo caso, não conhecia nenhum sistema ou artifício "pronto para uso" e de eficácia imediata.

Confesso, com a contratransferência negativa que me provocou, que esperava que se convencesse, aliás, disso eu tinha certeza. Seja como for, visto que estava ali, enquanto pensava para qual colega encaminhá-lo, fiz-lhe algumas perguntas, precisamente para compreender algo a respeito e tentar dar-lhe pelo menos uma dica. Perguntei-lhe, em termos muito gerais, quando nascera aquele relacionamento e como o vivia, para além do episódio sexual. E disse-me candidamente, com a costumeira presunção, que a relação havia começado havia somente um mês, exatamente em um sábado à noite, à saída de uma discoteca: ela estava um pouco "confusa" (ou "chapada", e, provavelmente, ele também), e dado que correspondia bastante a seu tipo e consentia... Contudo, sabia pouco ou nada a respeito dela; não sabia se trabalhava ou estudava, como era composta sua família ou que projetos tinha, não conseguia sequer descrever-me a jovem quanto ao caráter ou maneira de ser. Considerava-a sua namorada e isso não lhe desagradava, mas precisamente para estar junto dela, em resumo, "para fazer sexo", sem nenhuma intenção de construir com ela algo sério e estável; não sabia sequer – assim respondeu à minha pergunta exata – se lhe queria bem.

A respeito dela, sabia apenas o número de telefone.

Não me foi difícil, a essa altura, fazê-lo perceber a contradição total de seu comportamento e dizer-lhe mais ou menos isso: "Você é livre para fazer o que quiser, inclusive 'fazer amor' ou 'fazer sexo' com quem lhe der na telha e como quiser, mas, se você decide viver esse tipo de relacionamento com uma pessoa que não é um fantoche sem sentimentos e tampouco se resume a um número de telefone e nada mais, nem muito menos uma perfeita desconhecida, destinada a permanecer assim, deve respeitar algumas regras elementares, quais sejam: o relacionamento sexual normal, entre pessoas normais, é o ponto de chegada de um conhecimento recíproco que pode nascer também de um apelo impulsivo genital-sexual, mas, em seguida, abre-se gradativamente à colaboração, à descoberta de pontos em comum sempre mais importantes, cria atração, cumplicidade, sintonia ... e, por fim, pouco a pouco, amor". Insisti com certa veemência sobre isso, mas somente para tentar sacudi-lo um pouco e desfazer um pouco aquela irritante segurança. E continuei: "Se você conhece de tal pessoa apenas o número do celular, como pretende realizar uma união de corpos que exprima interesse e compreensão mútuos e resulte em uma sensação agradável e satisfatória, que toma conta de todo o ser, inclusive no aspecto físico, para ambos? Se essa jovem é somente corpo e sexo para você, ou ocasião que se deve aproveitar, ou oportunidade técnica para sentir prazer, como pode presumir que seu corpo o acompanhe em um entendimento que não existe, ou em um desejo que é parcial, superficial, fraco, limitado ao aspecto físico? Você não percebe que seu próprio corpo, de algum modo, rebela-se contra você? É como se lhe dissesse que... ele não aceita. E é bom que lhe diga isso. Ele não concorda em tomar parte nessa farsa que findaria por enganar a você mesmo, primeiramente, e, depois, aquela pobrezinha que você, na realidade, não só não ama, mas nem sequer está interessado em conhecer e apreciar; você nada me disse a respeito dos sentimentos dela, sobre como reage a essa situação, como se ela e o que experimenta não tivessem importância e não fossem interessantes para você! Você só se preocupa em não se sair mal, e não com a desilusão dela. Em resumo, não basta que a outra pessoa consinta em ir para a cama juntos; é preciso respeitá-la em sua humanidade. Procure compreender o que seu corpo lhe está dizendo, o qual – preste bem atenção – normalmente não fala mentiras...".

Enquanto eu falava – e admito que usei uma terapia de choque com o rapaz –, não alimentava ilusões particulares de revelar-me convincente. Mas Alberto escutou, finalmente sem falar, quando lhe indiquei o colega a quem se dirigir, perguntou-me se poderia voltar. De fato, continuou

DESDE A AURORA EU TE PROCURO

a vir de maneira regular, provavelmente atraído pela possibilidade de compreender-se e de compreender, a partir da sensação de um relacionamento fracassado, ou de uma mensagem exata do próprio corpo.

Para mim, foi interessante assistir, com o passar do tempo, à mudança de comportamento em relação a si mesmo e à jovem, à sexualidade e ao amor, ao corpo e à sua sabedoria. Alberto compreendeu certas coisas não somente com a mente, experimentando certa vergonha salutar (muito mais do que aquela diante da jovem devido à própria impotência), mas progressivamente foi descobrindo um novo modo de "sentir" a si mesmo e a outrem, mais livre e verdadeiro, mais respeitoso e menos invasivo e vulgar, mais atento a percorrer aquele caminho que leva, aos poucos, à comunhão das almas e, em seguida, dos corpos, e salva do abuso da pessoa.

Para mim, foi interessante e singular perceber como o corpo toma parte, a seu modo, na vida que vivemos e na modalidade e maturidade com a qual vivemos, fazendo nascer uma sensação que se impõe, e que não podemos ignorar, ou indicando um problema que, de outro modo, não teria emergido.[4]

Contudo, foi acima de tudo fascinante constatar a possibilidade de intervir nas sensações, inclusive as físicas ou psicossomáticas, de algum modo interpelando-as

---

[4] Não pude deixar de pensar no que afirma V. Frankl, segundo o qual a psiquiatria demonstra constantemente que quando a sexualidade não é expressão de amor e se torna um meio para a obtenção do prazer, este mesmo prazer malogra. Quanto mais se busca o prazer, mais ele escapa.

ou deixando-se interpelar por elas, não as sofrendo, descobrindo suas raízes e o sentido, para compreender onde e como agir para poder mudá-las, lenta mas eficazmente.

Foi surpreendente observar quanto aquele rapaz que vivia tão distante de si mesmo tinha sido capaz de aprender sobre si (e sobre sua "couraça"), a partir de suas sensações e, de modo particular, justamente daquela que tanto o humilhava.

Evidentemente, nem todos os que vivem o relacionamento sexual sem respeito pelo outro ou até mesmo abusando dele sofrerão as consequências de Alberto: cada corpo tem sua linguagem e suas reações. Certamente, porém, encontrará a maneira de... indicar o mal-estar, mesmo que o sujeito faça de tudo para ignorá-lo ou seja incapaz de lê-lo, como uma forma de analfabetismo moderno. Nesse sentido, talvez, quantas mensagens nos chegam do corpo, sob forma de sensações que jamais aprendemos a decifrar, cujo sentido jamais nos preocupamos em compreender e que muito menos pensamos em poder converter-educar.

## 5. Persistência das sensações

Por outro lado, tampouco é evidente que uma tomada de consciência inteligente e livre das sensações, com o controle e a ação educativa que daí derivam, signifique que elas desapareçam ou mudem imediatamente. Pode-se continuar a perceber certo tipo de sensações inclusive quando foram submetidas a um forte controle. Voltemos ao caso de Padre Jorge, o qual havia começado a compreender que a ânsia que sentia durante a missa, como rendimento diante de um público, era excessiva e estava indicando uma supervalorização emotiva de si mesmo, devida não tanto ao acontecimento quanto ao julgamento que lhe teria sobrevindo das pessoas. Havia também compreendido que, em última análise, o que derivava de uma identidade pobre, não suficientemente construída sobre a rocha segura do amor de Deus, por uma identidade instável que, naquele momento, sentia-se julgada e que buscava confirmações positivas e resultados excelentes. Ter compreendido isso não significou o desaparecimento imediato do embaraço e do rubor, ou daqueles sintomas desagradáveis que durante muito tempo lhe causaram mal--estar (taquicardia, tremor, amnésia, ansiedade...). E isso justamente porque a sensação exprime uma orientação que se radicou no tempo, favorecida por escolhas, inclusive pequenas, as quais aos poucos reforçaram tal orientação, até envolver o elemento fisiológico.

Normalmente é mister percorrer certo caminho a fim de que as sensações mudem, mas enfrentá-lo com a lúcida consciência de que descobriu suas raízes já o torna caminho de conversão e de cura da própria sensibilidade. "Cura" que não deve ser entendida como alívio dos sintomas e seu completo desaparecimento final, mas como etapa progressiva de uma sensação nova, menos ligada às ambiguidades desorientadoras (como aquelas vistas sempre no caso de Padre Jorge), e sempre mais expressão de uma busca livre do verdadeiro, belo e bom, ou da própria identidade e verdade.

A experiência, portanto, de determinada impotência é sempre preciosa, porque torna-nos mais realistas e verdadeiros com nós mesmos, mais humildes e compreensivos para com os outros e suas fragilidades, menos presunçosos e mais necessitados da graça que vem do alto, mais abertos àquela fé que nasce da certeza progressiva de que sozinho jamais conseguirei, porque somente Deus pode salvar-me.

## 6. Sensações e inconsistência

Se a situação é essa, então a simples sensação se torna significativa e requer a necessária atenção. Poderia já começar a reconhecer nela determinadas ambiguidades, ou fraquezas e contradições pessoais. Até mesmo a expressão de certa inconsistência de minha parte, como vimos nos exemplos referidos. Nada surge de repente e sem sentido, dada a intimíssima interdependência entre corpo e psique.

Não serão pecados, mas seria bom que me interrogasse, por exemplo,

- a respeito dos *estados de espírito mais comuns:* costumeiramente, sou sereno ou agitado, deprimido ou bem-humorado, positivo ou pessimista? O que, quem ou qual contexto humano tem o poder de provocar em mim determinadas disposições de espírito? Por que fico perturbado ou desconfortável em determinados ambientes ou com certas pessoas?

- a respeito da *liberdade em relação às sensações*: domino-as ou elas me dominam? Até que ponto me condicionam?

- sobre a *responsabilidade de captar suas raízes e as motivações*: de onde nascem e o que querem, na realidade? O que dizem do meu nível de maturidade e de liberdade interior? Aprendi a interrogar-me regularmente sobre minhas sensações ou as exprimo imediatamente?

- a respeito das *sensações positivas* (de atração ou de consenso) ou *negativas* (de rejeição e de condenação) que o fiel em Cristo, chamado a viver os mesmos sentimentos dele, aliás, as mesmas sensações, deveria perceber e promover em si.

Ter o odor das ovelhas não é, talvez, a sensação típica do pastor?

# IV | EMOÇÕES, AS CORES DA VIDA

Juntamente com as sensações, as emoções constituem um tipo de *resposta imediata à vida e à realidade que nos circunda*, a estímulos externos, imagens, comportamentos, palavras, contatos interpessoais de diversos tipos; mas, se as primeiras estão ligadas predominantemente ao reflexo físico desse confronto, as emoções são algo *mais elaborado e consciente*. Ademais, algo tipicamente humano.

Neste capítulo, gostaríamos de examinar as características principais e, em seguida, uma proposta de atenção formativa desse recurso precioso do qual – mais uma vez – certa tradição espiritual talvez não tenha sempre captado o papel e o valor, ou que tenha considerado como menos nobre em relação ao que é espiritual, como aborrecido condicionamento a ser suportado ou, no máximo, controlado, porque... jamais se sabe aonde podem levar emoções intensas e em livre-trânsito.

## 1. O homem de cera (ou de gelo)

É a essa tradição que devemos a imagem de certo fiel ou até mesmo sacerdote sem emoções, correto no agir e incapaz ou receoso de "sentir", talvez para sofrer menos, rígido na conduta, às vezes como um bacalhau, e terrivelmente incapaz não só de exprimir um fiapo de emoção, mas também de acolher e compreender as emoções do outro, inclusive as de Jesus no Evangelho.

A descrição que Piccolo faz, atentando para a gênese e para as consequências dessa falta de emotividade, é muito eficaz: "A certa altura da vida, não se sabe bem por quê, pensamos que seja mais conveniente não experimentar emoções. Para evitar a dor, preferimos ser de cera; defendemo-nos, congelando o coração! Depois das primeiras experiências de sofrimento, chegamos a decidir tentar não sentir mais. Esse congelamento pode ter consequências muito tristes! Corremos o risco de congelar também nossos desejos, de já não compreendermos o que estamos sentindo por uma pessoa, de empobrecer nossa vida espiritual".[1]

E não só a vida espiritual...

## 2. Mozart e aquele maldito vidro

A respeito da caricatura desse homem de cera ou sem emoções, e da ambiguidade que lhe está subjacente, alguma coisa eu sei, tendo remediado, a seu tempo, uma reprovação brusca na prova de piano do 5º ano do Conservatório Musical C. Pollini, de Pádua. Eu era seminarista, bem-educado e contrito, e recordo-me que executei a prova sem louvor nem infâmia,[2] para ouvir a avaliação que o presidente da

---

[1]  G. Piccolo, *Testa o cuore? L'arte del discernimento*, Milão, Paoline, 2017, p. 9.

[2]  Tratava-se de uma peça de Mozart em fá maior, que – ademais – todos conheciam bem no seminário, inclusive Frei Cândido e Frei Bernardo (os irmãos cozinheiros), devido à quantidade de vezes em

comissão examinadora fez de mim de maneira totalmente inesperada: "Você executou discretamente a peça, mas não nos transmitiu nenhuma das emoções que estão em sua origem e que Wolfgang Amadeus Mozart quis comunicar-nos. Talvez não saiba sequer por que e quando Mozart compôs tal peça, o que acontecera naquele momento em sua vida. De fato, havia uma parede de vidro entre o senhor e o autor: o senhor 'via'-o e reproduziu materialmente sua peça, mas sem entrar em contato com seu mundo emotivo. E se a música, inclusive a religiosa, não faz isso e não transmite emoções, para que serve?". E reprovou-me com razão, com palavras sacrossantas que jamais esqueci, no mínimo devido à raiva feroz contra desconhecidos, depois de todas as horas e dias passados ao instrumento para preparar-me obstinadamente.

Maldito vidro! Quem o havia colocado ali? E por que não me dei conta dele? E o que fazer para eliminá-lo? E talvez houvesse outros vidros assim, em minha vida, aos quais não havia prestado atenção, tão límpidos e transparentes, que eu corria o risco de chocar-me contra eles?

"*Entschuldigung*,[3] Wolfgang Amadeus, cometi o primeiro erro com você, não o escutando, você que, no entanto, era tão capaz de ouvir, que foi chamado de 'tímpano de Deus'!"

Quanto à música, paciência! Mas quão raramente, na formação dada antigamente, em qualquer nível, do escolástico ao mais espiritual, prestava-se atenção a esse aspecto

---

que se viram obrigados a sorvê-la (juntamente com outras peças) enquanto eu praticava ao piano.

[3] Desculpe-me.

importante de nossa vida interior, deixando que uma porção de vidros continuassem – sem serem vistos – a impedir o contato direto com a teologia estudada, com o mistério rezado, com o outro e com sua unicidade e singularidade, com o pobre e seus sentimentos, com o ideal a ser conquistado, com a beleza intuída de várias maneiras, com o próprio Deus e com o mistério de seu inefável e infinito fascínio! Por que na escola, por exemplo, diante de uma poesia, ninguém jamais nos perguntava ou nos provocava a exprimir nossa emoção: "O que você sente? O que isso desperta em você? O que lhe vem à mente e ao coração? Agrada-lhe? Ou talvez não? E por quê?[4] Por que não tenta também se exprimir de maneira poética, para expressar seu estado de espírito como a prosa jamais saberia fazê-lo?".

Ou diante da Palavra de Deus, ou na oração, porque ainda hoje corremos o risco de fazer prevalecer uma postura intelectual, devota e correta, sem recorrer àquela força interior que é a emoção, fundamental justamente para *compreender* o que lemos e *saborear* o que meditamos, para chegar, em virtude disso, a uma nova sabedoria (no sentido latino do *sàpere*)? Sem dúvida, porque a emoção não é agitação do coração imprevisível e incontrolável, algo eventual e facultativo, mas expressão do ser humano-em-relação, de seu contato com a realidade a fim de compreendê-la e/ou deixar-se com-preender (= incorporar-se totalmente). Para isso, é sensato e obrigatório perguntar-se: o que se torna a oração sem emoção? Torna-se puro exercício cultual e, portanto, negação de sua dimensão relacional, ou

---

[4] Cf. Piccolo, *Testa o cuore?*, p. 9.

fria "prática de piedade", frequentemente, de fato, piedosa e logo cansativa.

Em caso contrário, outro questionamento intrigante: a fé pode prescindir da emoção? Se é verdade – como foi dito – que, do ponto de vista puramente racional, há muitas boas razões para acreditar e outras tantas para não acreditar, o que faz a diferença? Não é, talvez, aquele "movimento" interior que ultrapassa (não é contra) a razão, super-racional, e que, no entanto, abre a razão – junto com o coração e a mente – à confiança e ao abandono, à contemplação e à degustação do mistério? Até mesmo nesse sentido, a fé é sensibilidade crente. E sua beleza só é considerada com atenção quando se passa a perceber "a emoção do crer", do "sentir" Deus, do confiar nele...

Quando não se aprende ou não se é educado-formado para dar atenção a esse movimento do coração e da mente, corre-se verdadeiramente o risco de já não sentir Deus e sua presença, de não compreender o que sua Palavra provoca ou poderia provocar dentro de nós: novas perspectivas, novas atrações, desejos, escolhas a serem feitas... "E, dado que para decidir, é preciso partir do que verdadeiramente desejamos, findamos por tornar-nos pessoas bloqueadas".[5] É necessário, então, mediante a consciência, mas não só, despertar-nos para habitarmos nosso mundo interior, para buscar sempre mais gerir esse movimento, ou para deixar-nos mover e conduzir (*e-motus*) por ele, a fim de dar-lhe livre e responsavelmente uma direção com um objetivo bem determinado, em harmonia com nossa identidade e

---

[5] Ibid.

verdade. Para amar, por fim, o que somos e aquilo que fomos chamados a ser, e não sermos apenas cumpridores de ordens recebidas, candidatos – cedo ou tarde – ao tédio ou à depressão, à acídia ou à apatia.

Procuremos, pois, compreender a natureza desse movimento interior que já impulsiona em determinada direção, ou que já imprime um direcionamento à vida.

## 3. Natureza mista e ambivalente

Tal como a sensibilidade, em geral, assim também as emoções se apresentam como uma realidade só aparentemente simples, mas que consegue juntar polaridades que parecem contrapostas. Vejamos algumas delas.

### 3.1. Passivas e ativas

Há um dinamismo singular na emoção, como um misto de atividade e passividade. De um lado, reencontramos as emoções interiormente, não fomos nós que as provocamos, são a reação espontânea ao que o contato com o mundo, realizado pelos sentidos, está produzindo em nós. Alguns julgam poder dizer que as emoções são induzidas pela realidade. Por outro lado, tal passividade suscita um movimento interior que é como um despertar primitivo do eu, que responde àquele contato com a realidade de modo muito pessoal, mesmo se não controlado pelo próprio eu e por suas defesas. As emoções, na realidade, estão entre os primeiros sinais do senso do eu na criança; graças a elas, ela "se sente" contente ou descontente, enraivecida ou em paz, "sente" os demais como simpáticos ou antipáticos, aco-lhedores ou não, aprende a "sentir-se" chamada e a respon-der, decidindo por si mesma. E cada vez mais, ao longo do curso da vida, antes do raciocínio intelectual, a emoção fala do que é importante para o sujeito, aquilo em que entrevê a beleza da existência e, juntamente com seu drama, o mis-tério e aquela voz que não cessa de chamar e na qual está oculto também seu próprio mistério.

Um exemplo: o fiel que sente dirigidas também a si as palavras do Pai em relação ao Filho no momento da trans-figuração ("Este é o meu Filho amado, nele está meu pleno agrado: escutai-o!", Mt 17,5), e chora de alegria, é passivo e ativo no grau máximo ao mesmo tempo. Ele, claramente, não se impõe chorar; as lágrimas são espontâneas e inten-sa expressão da surpresa por ser olhado pelo Pai como sua alegria (e seu "agrado"): aqui, o sujeito é passivo, mesmo que incrivelmente capaz de "inflamar" a alegria divina. Ao mesmo tempo, a emoção rica de felicidade não é vibração extemporânea ou algo improvisado e inesperado, sem raí-zes e pressupostos. A emoção jamais é casual, mas é con-sequência de um caminho muito ativo e exigente, feito de escolhas explícitas que, nesse caso, levou o fiel a descobrir a própria identidade e verdade no ser filho do Pai, seu sempre amado (= pre-dileto), recusando outros percursos vazios e ilusórios, sedutores e traidores. Aquela emoção indica, de fato, o nascimento do cristão. Ou seja, não há cristão sem aquelas lágrimas de alegria!

## 3.2. Imediatas e (figuras de) mediação

Intimamente ligada à dinâmica ativo-passiva, há outra polaridade que se reconstitui no fenômeno das emoções. De um lado, como já foi dito, experimentamos estar enraivecidos, ou tensos, ou assustados, ou eufóricos como algo que se impõe a nós e à nossa consciência. As emoções não nos pedem permissão para existir e fazer-se sentir: nós as sentimos simplesmente. E são de tal sorte imediatas, que muitas vezes as acolhemos e justificamos, quase contornando o controle e o consenso do julgamento, ou, em todo caso, sem questioná-las, consentindo-lhes, ademais, determinar nosso comportamento e nosso humor, as palavras e as escolhas.

Por outro lado, a emoção coloca-se entre mim e a própria realidade, pessoal ou impessoal. E o que medeia aquela permuta vital contínua que todo indivíduo compõe com o mundo em torno de si, torna-o possível e totalmente pessoal, dá-lhe cor e calor, como se fosse a assinatura que o sujeito apõe a essa dinâmica relacional nos vários momentos em que se articula. Em tal mediação, então, entrevê-se não apenas uma intervenção, mas também certa responsabilidade por parte do próprio sujeito, o qual não padece simplesmente o que sente, mas, de algum modo, descobre a origem do seu sentimento, aquilo que, por sua vez, o torna possível, de modo nem sempre conhecido e evidente para ele, mas, em última análise, sempre reconhecível. Nesse sentido, as emoções revelam-nos a nós mesmos, medeiam não apenas o relacionamento interpessoal, mas, igualmente e bem antes, *nossa autoconsciência* ("Diga-me o que sente e lhe direi quem é").

Acima de tudo, as emoções mais frequentes com o passar do tempo são o primeiro sinal de nossa personalidade e de sua consistência, de sua qualidade humana e espiritual, do nosso ser adultos ou adolescentes, pastores apaixonados pelo rebanho ou eternos e impenitentes (dom) narcisos...E é tão verdadeiro o que as emoções nos revelam, a nós mesmos e aos outros, que o mentiroso deve reprimir suas emoções, consciente ou inconscientemente, quando diz mentiras...

### 3.3. Evidentes e misteriosas

Ao mesmo tempo, as emoções são algo que cada um pode reconhecer imediatamente; são evidentes pelo que significam, chegando a declarar-se na superfície e, portanto, habitualmente de maneira bastante clara e precisa. Não é difícil defini-las, mas também são expressão da essência mesma da pessoa. As emoções, em seu aprofundamento e ampliação que as fazem evolver-se, como veremos, em sentimentos e afetos, contribuem para definir os traços da verdadeira face de si que cada pessoa se empenha em reconhecer, a fim de tornar-se, em seguida, aquilo que quer ser, e que a emoção diz, pelo menos até certo ponto. Há sempre, digamos, uma dose de mistério ou de implícito na emoção que o ser humano experimenta dentro de si.

Como diz muito bem Lembo, "as emoções, como o corpo, são reconhecidas na superfície, mas não se exaurem nela. As emoções captadas em todo o seu alcance podem ser reconhecidas como qualidade intrínseca da psique que não pode ser reduzida ao produto de equilíbrios químicos e de balanceamentos energéticos, mas se revela como transparência da interioridade, embora em termos ainda por decifrar".[6] E, portanto, como capacidade humana de transcender o acontecimento, o dado nu e cru do evento. As emoções, como liberdade de viver as situações consoante a sensibilidade do sujeito, falam de uma psique não apenas capaz de tornar-se consciente de si, mas de reconhecer o inextinguível ardente desejo de transcender-se que se encontra inscrito nela, ou são realização da interioridade humana. Por isso, podem entretecer-se e unir-se com as aspirações e os ideais mais profundos, com o sentido buscado e entrevisto em rostos, palavras, relações, histórias, experiências... Tornam-se portadoras de valores autênticos, nos quais cada um reconhece aquilo que é e o que se sente chamado a ser.[7]

## 3.4. Falsas e verdadeiras

As emoções, conforme foi dito, conduzem-nos à nossa interioridade e a seu relacionamento com o mundo externo. Estabelecem-se principalmente quando outra pessoa, um tu de carne e osso, preferivelmente, faz-se presente e manifesta-se, criando atração ou rejeição, alegria ou dor, raiva ou ciúme ou admiração e amizade[8]... Emoções já mar-

---

[6] A. Lembo, Le emozioni come trasparenza dello Spirito, *Tre Dimensioni*, 2(2017), p. 195.

[7] Cf. Ibid.

[8] A emoção é mais facilmente desencadeada diante da face do outro, num relacionamento real, não virtual, com essa pessoa. Sem dúvida, é muito mais rica e respeitosa no que concerne à realidade, a vida emotiva que se experimenta conhecendo uma pessoa e vivendo a

cadas por um fundo de verdade, quando apropriadas à realidade dos fatos e das pessoas, ou de falsidade, se não correspondem inteiramente a ela e, ao contrário, são fruto de distorção interior perceptivo-interpretativa.

Por isso, as emoções dão não apenas colorido à vida, mas dinamismo, energia, como centelhas que a incendeiam de paixão, pelas pessoas e também por Deus, paixão que constrói e quer o bem e se abre à beleza, do eu e do tu (portanto, é veraz), mas que pode também destruir (ou é falsa, incapaz de captar verdade e beleza).

E ainda, justamente por isso, podem causar medo e serem silenciadas, com a ilusão de se viver mais tranquilamente, como mencionamos no início do capítulo, e não ser levado por uma paixão qualquer. Mas a elevado preço: a vida torna-se cinzenta e a pastoral desbotada; a pessoa fecha-se e corre o risco de se tornar um urso; o ministério converte-se em uma tarefa penosa e Deus em divindade muitíssimo distante. Com as compensações do caso (o ser humano tem necessidade de algo que o faça sentir-se vivo), às vezes também esquálidas. Na realidade, não é possível anular as emoções; não existe alguém completamente sem

relação em tempo real, comparativamente à emoção suscitada por contatos apenas virtuais. Nesse sentido, dá muito o que pensar o fato de que nas assim chamadas redes sociais a emoção possa exprimir-se e extravasar-se sem nenhum controle, atingindo, às vezes, níveis incríveis, por exemplo, de agressividade verbal, de ameaças de violência, de ódio declarado. Digamos: a relação plena, dessa grandeza, só pode ser garantida pelo encontro real, que torna realista inclusive a reação emotiva. A relação virtual ou medida pelos vários instrumentos de comunicação está muito mais exposta às emoções desencaminhadoras, particularmente as agressivas.

emoções; quando muito, haverá quem, não as tendo jamais submetido a um caminho formativo, ver-se-á com uma vida emotiva descontrolada, ou com emoções negativas, contrárias à própria identidade, que não o ajudam a ser ele mesmo. Mais uma vez, falsas.

Portanto, é necessário prestar atenção às emoções e convencer-se de que elas ou se tornam recurso precioso para um fiel e, com maior razão, para quem está envolvido intensamente na relação, como um pastor, ou, ao contrário, constituirão um constante perigo, como um inimigo dentro de casa, embora não identificado como tal. O próprio Jesus vive as coisas e os relacionamentos com certa carga de emotividade: condói-se de Jerusalém (Lc 19,41), compadece-se das pessoas (Mc 6,34), chora a morte do amigo (Jo 11,35), mostrando "até que ponto estava aberto aos outros o seu coração humano".[9]

É verdade que a emoção é somente um lampejo, uma centelha, mas pode acender a vida e o coração, ou tornar-se um incêndio autodestruidor, de acordo com o impulso educativo recebido.

Então, como formar as próprias emoções?

## 4. Formação das emoções

O título pode parecer presunçoso e exagerado, mas serve de contrapeso explícito à opinião contrária, provavelmente

---

[9] Exortação apostólica pós-sinodal *Amoris Laetitia*, sobre o amor na família, 144, São Paulo, Paulinas, 2016.

mais comum, a de quem acha que não há sentido algum em falar de formação das emoções.

## 4.1. "Seja sincero e preciso" (dar um nome)

O primeiro passo é *dar um nome* à emoção, ou *sentir o que sente*. Não é um jogo de palavras; é, antes, a coragem de dizer a si mesmo que está sentindo muita raiva, por exemplo, ou que está apaixonado e atraído por aquela mulher, a ponto de sentir não poder viver sem ela, ou que ficaria até mesmo contente se aquela pessoa ou aquele confrade desaparecesse de sua vista. Sem tantos circunlóquios e parando de brincar de esconde-esconde consigo mesmo. Talvez seja uma *sinceridade* difícil, mas fundamental, porque permite ser objetivo.

E é também o primeiro passo do processo de libertação interior: enquanto a emoção não tem um nome, ela domina-nos, porque é como um inimigo não identificado e que, portanto, pode escapar a todo controle e atacar-nos a qualquer momento (aproveitando vários estímulos e situações). Se, ao contrário, damos-lhe um nome, e um nome preciso, naquele momento se invertem as posições: a atenção está focada e podemos lentamente começar a submetê-la ao nosso controle, a impedi-la, a administrá-la melhor, sem depender dela, talvez percebamos sua periculosidade e a necessidade de obstaculizá-la (é diferente dizer que sinto antipatia por uma pessoa ou admitir que a estou odiando; reconhecer que uma mulher me é simpática ou dizer-me sem meios-termos que estou apaixonado por ela).

Não consideramos espontânea essa sinceridade objetiva. Muitas vezes nos defendemos de nós mesmos e do que experimentamos, ou tendemos a atenuá-lo ou a reduzi-lo, acabando por perder uma possibilidade preciosa para conhecer-nos e saber por onde começar a ser mais livres e verazes. E é surpreendente ver, hoje, quantas pessoas, jovens de modo especial, não sabem o que sentem, ou têm medo de sentir plenamente.

### 4.2. *"Seja verdadeiro e inteligente" (descobrir a fonte)*

Toda emoção esconde uma necessidade, vem dali e recebe força própria daquela fonte energética que é a necessidade, frequentemente oculta e inconsciente. Justamente por isso a emoção é preciosa, porque nos revela a nós mesmos, fazendo-nos determinar precisamente aquelas necessidades que nos comprimem interiormente e nos impelem a agir, e que estão na origem de emoções positivas, quando satisfeitas, ou negativas, quando não satisfeitas. Se, por exemplo, sinto-me triste em uma relação que já não me satisfaz como antes, aquela tristeza indica, em sua origem, uma necessidade que permaneceu frustrada (poderia ser o de minha autoestima, ou de afeto, ou de estabelecer relações complementares com o outro) que será importante reconhecer, visto que é justamente ali, na necessidade, que posso e devo trabalhar, mais ainda na emoção, uma vez que é mais eficaz e frutuoso intervir na causa e não no efeito. Nesse caso, é importante saber ir à raiz, e não se deter na aparência.[10]

---

[10] É interessante o episódio evangélico daquele homem, observador perfeito e um pouco presunçoso, para o qual Jesus olha com amor e lhe pede que distribua tudo para segui-lo (cf. Mc 10,17-27). O homem reage com tristeza, provavelmente não tanto porque apegado

Aqui está, portanto, o segundo passo: *procure compreender de onde vem* sua emoção. Isto é, seja inteligente, interrogue-a, pergunte-lhe quem a envia ou de onde vem. Não a padeça, mas perscrute-a, procure decifrá-la, investigá-la... Aquela emoção não é pecado, mas pode dar-lhe diversas informações úteis sobre suas escravidões afetivas, sobre seu grau de paganismo ou de farisaísmo, sobre o nível de evangelização de seu coração, sobre aquilo a que realmente sua vida propende, visto que todo sentir, habitualmente, leva de volta ao ponto de partida. Por que perder essas informações importantes?

Se você aprender a ler o que sente, então passe da sinceridade à verdade, à verdade de si mesmo, e é uma passagem de enorme importância, dado que você aprende a descobrir seu mundo subterrâneo oculto e o que está na origem de muitas de suas atitudes, talvez até agora incompreensíveis e estranhas; aprenda a compreender as motivações, o *porquê* do seu agir ou *para quem* você age.

Sua emoção revela-lhe (gratuitamente) muito mais sobre você do que dez sessões (pagas) de psicanálise!

## 4.3. *"Seja lúcido e oportuno" (discernir imediatamente se é emoção "boa" ou "má")*

A esta altura, *avalie se o que sente é bom ou não.* Se parte de "amor, alegria, paz, paciência, benevolência, bondade..."

---

aos bens, mas porque – mais radicalmente – se vê deslocado diante de uma proposta que talvez, pela primeira vez, se ache incapaz e da qual não está à altura, sendo obrigado a admitir que não é tão perfeito. Triste, portanto, devido à necessidade de sentir-se sabe-se lá quem, até então amplamente recompensado, mas desta vez deixado ao abandono!

(Gl 5,22), sua emoção é boa, vem do dom de Deus em você e o levará à plena realização de sua vida e de sua verdade. Se, ao contrário, parte de "egoísmo, inveja, impaciência, desejo de posse, malevolência...", seu sentir não é bom e leva à morte, "salário do pecado" (Rm 6,23). Seja, portanto, lúcido e oportuno em seu discernimento, se quiser ser livre. Não é verdade, de fato, que as emoções sejam indiferentes, ou que não evoquem algum envolvimento responsável de quem as experimenta.

Não perder a limpidez mental ou aquela sensibilidade moral – que todo ser humano possui por natureza – que lhe permite distinguir o bem do mal já dentro de si, sem esperar para reconhecer o mau somente quando o impele a agir e se torna ação. O bem e o mal, a beleza e seu oposto adentram em nós já com as emoções: ali, nossa vida e nossa sensibilidade começam a perceber um *motus* que as orienta para uma direção precisa. Discirna, portanto, imediatamente ou o mais rapidamente possível, no âmbito da percepção emotiva, se o que você sente lhe dá vida ou morte, paz ou desassossego, se o conduz a ser você mesmo segundo sua identidade-verdade, ou a uma deformação do seu eu e de sua vocação. Se você não ativa o mais rápido possível o discernimento, torna-se mais difícil fazê-lo depois, quando uma eventual atração para o mal já adquiriu certa força, e poderia condicionar seu próprio discernimento. E então, adeus liberdade!

## 4.4. *"Seja decidido e corajoso" (agir de modo coerente)*

É o momento da *decisão*: decida o que fazer, na prática, com sua emoção: se favorecê-la e traduzi-la em ação, ou mantê-la sob controle. Você é livre de fazê-lo, mas saiba que, se escolher a verdade de si mesmo e a emoção ligada a ela, você escolhe a vida, e, então, será sempre mais *livre daquilo* que conduz à morte ou à falsificação-deformação do seu eu, e *livre para* experimentar ainda emoções verazes, em consonância com aquilo que você é chamado a ser. *Livre* para amar seu ideal e senti-lo atraente, encontrando gosto e prazer em realizá-lo. E *livre* inclusive para amar segundo o estilo típico da sua vocação. Nessa coerência e consistência, sempre mais plena, está sua sapiência, que não é somente sabedoria, mas um modo novo de degustar a vida e de comprazer-se com seus mil sabores (ou mil emoções).

Se você fizer o contrário, depois não se lamente ao descobrir-se sempre mais dependente de emoções que o distanciam de sua verdade, tão escravo que não só padece o condicionamento delas, mas também não acha nada de mal nisso. Isso seria o contrário da sapiência, uma estultice que conduz ao delírio de quem confunde o mal com o bem. Perigosíssimo, porque contagioso. Destrutivo se se torna fenômeno coletivo!

## 4.5. *"Seja vigilante e responsável"* (prestar constantemente atenção)

Para concluir: não cometer o erro de banalizar as emoções ou de simplesmente padecê-las, de não submetê-las a discernimento e formação, de pensar que basta reprimir (isto é, não traduzir em ação) as negativas, porque o que vale é a ação concreta, ou de pensar que você não tem culpa nenhuma se as emoções o distraem de sua identidade-verdade e, portanto, de não se sentir responsável por elas. Toda escolha que você faz em relação a elas, desde dar-lhes um nome até discernir-lhes a bondade, terá uma sequela consequente em sua vida. Aquela centelha que é a emoção pode acender a vida, dizíamos, mas também processos de morte.

Então, seja coerente inclusive no plano espiritual-penitencial: não se acuse diante de Deus e de si mesmo somente da ação, do gesto transgressivo, mas também da emoção desencaminhadora que percebe dentro de si, que parece obstinadamente agarrada a seu coração e não quer ir-se embora dele.

Talvez esse seja justamente o sentido da repreensão do Senhor a Caim: "O pecado espreita à tua porta" (Gn 4,7), ou seja, está ali, aparentemente inócuo, mas, ao contrário, é influente, mesmo que não se traduza em ação. Conseguintemente, é importante individuá-lo, reconhecê-lo como parte de si, confessá-lo (inclusive – por que não? – no sentido sacramental), pedir a graça que vem do alto não somente para que não ultrapasse aquela porta, mas para que pouco a pouco desapareça. Pensemos em como seriam diferentes, ademais, nossas confissões, ou em como seria mais verdadeira e sofrida nossa sensibilidade penitencial se aprendêssemos a confessar diante do Deus da misericórdia também aquele pecado à espreita à porta de nosso coração, que, seja como for, "acolhemos" no nosso mundo interior e que força para entrar e colocar-se no seu centro.

Assim admoesta aquele homem veraz, inclusive nas emoções, que foi o Padre Fausti: "Em sua horta, crescem salsa e cicuta. Distinga uma da outra e, com paciência, regue a salsa, não a cicuta. E procure arrancar esta, e não aquela. Aos poucos, sua horta será bem cultivada".[11]

## 5. Francisco e o verdadeiro abraço

Há vários exemplos de gestão inteligente ou até mesmo de conversão das emoções na história dos santos. Escolho o de São Francisco quando, no início de seu itinerário espiritual, encontra nos montes acima de Assis uma comunidade de leprosos, experimentando dentro de si uma reação negativa de rejeição, humanamente compreensível. Contudo, depois de certo tempo, a emoção muda, e Francisco, ao contrário, experimenta uma atração irresistível que o leva a abraçar e a beijar aqueles leprosos.[12] O santo diz que foi o Senhor quem lhe mudou a emoção do coração; comprazo-me em pensar que o que a modificou também foi seu trabalho de discernimento em si mesmo, com a ascese consequente sobre a própria sensibilidade. O episódio, em todo caso, diz-nos que é possível mudar a emoção, submetê-la a um caminho educativo focado, a ponto de chegar a experimentar uma emoção contrária e mais verdadeira, mais em sintonia com a própria identidade e verdade de ser. No entanto, examinemos atentamente, a fim de compreendermos melhor a dinâmica formativa.

---

[11] S. Fausti, *Lettera a Voltaire...*, p. 101.

[12] Assim se exprime o santo: "O que antes me parecia amargo se me converteu em doçura da alma e do corpo" (Testamento de São Francisco, in: *São Francisco de Assis: escritos e biografias de São Francisco de Assis*, 6. ed., Petrópolis, Vozes, 1991, p. 167).

O aspecto mais interessante desse fato é que Francisco não precisou *esforçar-se* para realizar uma ação evangélica cansativa, talvez a fim de dar um bom exemplo a seus frades, mas conseguiu perceber dentro de si uma atração inédita e misteriosa, que o impeliu com *força* e *naturalidade* a realizar o gesto afetuoso. Ninguém lho impôs de fora; foi um ato totalmente *livre e querido com paixão* de seu coração, feito com o prazer de fazê-lo. Mas não inopinada e casualmente, nem simplesmente determinado por uma ação da graça, sem nenhum envolvimento do homem, de seus afetos e emoções. Esse é o ponto que nos interessa. Poderíamos ver nessa mudança total de emoção (da rejeição à atração) a consequência de um percurso formativo, feito de renúncias exatamente ao que antes atraía naturalmente o coração de Francisco, e que agora ele percebe que não está em sintonia com o projeto que tem em mente, com a vocação a que se sente chamado. Uma renúncia, portanto, focada e motivada: diz não a algo belo, humanamente atraente e que suscita forte emoção, mas para dizer sim a algo ou a alguém que não é humanamente tão atraente, como é o caso de um pobre leproso. O fim é, portanto, o de converter as próprias emoções e tornar-se uma meta alcançável: isto é algo extraordinário.

Mais concretamente ainda, e jogando com a polaridade belo-feio em referência à escolha da virgindade, poderíamos dizer assim: Francisco aprende a renunciar ao rosto mais bonito da mulher mais bela (e mais emotivamente atraente) por um motivo preciso, para aprender a sentir-se atraído pelo rosto mais feio e até mesmo repugnante, descartado por todos, para que se torne, *para ele, o rosto mais atraente de todos*! Na realidade, nada de heroico ou de extraordinário, porque exatamente isso significa para o consagrado o voto de castidade: uma renúncia endereçada à expressão de um amor grande, ou o sacrifício de uma atração radicada profundamente no coração humano a fim de manifestar no mundo o estilo de amar de Deus, que prefere justamente quem é marginalizado e considerado indigno de ser amado, e sente-se atraído por quem é mais atingido pela tentação de não se sentir amável. Se Deus é aquele que ama assim, então digamos que Francisco, naquele instante, experimentou em seu coração humano uma emoção divina. E o pobre leproso dela se beneficiou, viveu naquele abraço sincero a certeza da própria amabilidade, sentiu-se concretamente amado em sua pobre humanidade por um amor não apenas humano.

E não é, talvez, esse entrelaçamento de amor e emoção que caracteriza o ser pastor, *amar a Deus com coração e emoção humanos, e amar o homem com coração e emoção divinos?*

## 6. João e o abraço forçado

Para melhor compreender o que queremos enfatizar, recorramos a outro exemplo que, para além das aparências, funciona um pouco como contrapeso ao gesto de Francisco que acabamos de ver. Trata-se, concretamente, de um gesto ascético notável, que, no entanto, não é acompanhado por uma conversão da sensibilidade e, particularmente, da emoção. E é quanto encontramos no episódio narrado por Dostoévski em *Os Irmãos Karamázov*, a respeito de João, O

Misericordioso, pessoa com fama de santidade. Aqui também há um abraço, mas vivido diferentemente por seu protagonista, comparando-se com o gesto de Francisco.

"João, o Misericordioso, a quem um passante faminto e franzido de frio foi um dia suplicar que o aquecesse; o santo deitou-se com ele, tomou-o nos seus braços e se pôs a insuflar seu hálito na boca purulenta do infeliz, infectada por uma horrível moléstia. Estou persuadido – afirma Ivã – de que fez isso com esforço, mentindo a si mesmo, num sentimento de amor ditado pelo dever e por espírito de penitência. Para que se possa amá-lo, é preciso que um homem esteja oculto; desde que ele mostra seu rosto, o amor desaparece".[13]

Em tal caso, estamos diante de um ato indubitavelmente virtuoso, bem próximo do heroísmo, e inclusive tanto mais custoso na medida em que não existe, na origem, nenhuma atração. Mas, justamente esse é o problema, e, no entanto, é o que, para além das aparências, torna frágil o gesto do ponto de vista de sua qualidade, e contraditório no plano do que comunica ao outro. João, efetivamente, demonstra enorme generosidade e atenção pelo pobrezinho, não hesita em acolhê-lo em seu leito para aquecê-lo (!); tudo isso lhe deve ser reconhecido, mas o faz "ditado pelo dever e por espírito de penitência". Conseguintemente, fá-lo "com esforço", não com o prazer de fazer uma coisa bela e que proclama a dignidade do outro (e a sua), mas, ao contrário, sendo honesto, "mentindo a si mesmo", porque percebe o

---

[13] F. Dostoévski, *Os Irmãos Karamázov*, São Paulo, Abril Cultural, 1970, p. 250.

contraste entre gesto (caritativo) e sentimento (de repulsa, não de atração).[14] Em resumo, aqui não estamos diante de uma conversão da emoção. Dificilmente, portanto, o próprio pobre se sentirá acolhido incondicionalmente e amado por si mesmo.

Por isso, o gesto de João, o Misericordioso, poderá ser igualmente um gesto altamente meritório, não há dúvida, mas é somente renúncia, não sustentado por uma mudança de atração; gesto mais ascético do que místico, portanto, inclusive, com baixo índice de perseverança,[15] diferentemente do abraço sincero de Francisco.

---

[14] Como, de resto, diz Tomás: "... assim também é da perfeição do bem moral que a ele seja o homem levado, não pela vontade, mas também pelo apetite sensitivo" (*Summa Theologiae*, Ia IIae, q.24, III). Pode-se falar de virtude, ou de ato virtuoso e homem virtuoso, sempre segundo Tomás de Aquino, somente quando existe atração pelo bem e a pessoa sente prazer em fazê-lo. De fato, "não pode dizer-se justo quem não goza de suas ações justas" (Ibid., Ia IIae, q.59, V).

[15] Ainda Santo Tomás: "Os homens que não sentem prazer na virtude não podem nela perseverar" (Id., *In decem libros Ethicorum Aristotelis ad Nicomachum Expositio*, X, lect.6).

# V SENTIMENTOS, O CALOR DA VIDA

Na urdidura da sensibilidade, os sentimentos desempenham importante papel. Graças a eles, o processo emotivo torna-se sempre mais personalizado e consciente, de algum modo querido pelo próprio indivíduo e orientado para os próprios objetivos.

## 1. Emoção traduzida em ação

Os sentimentos são *emoções traduzidas frequentemente em ação que, por essa razão, tendem a tornar-se sempre mais estáveis e influentes.* A emoção, já o dissemos, é somente um lampejo, não é necessariamente ação; quando e se se torna ação, nasce o sentimento.

Aquilo a que aqui chamamos "ação" começa com o simples cultivar dentro de si determinada emoção, deixando-se levar a projetos, fantasias, desejos, impulsos ligados a ela (e nisso se comprazendo), e desemboca, cedo ou tarde, no ato propriamente dito.

Entendida assim, e, de modo especial, o fato de traduzir o que se experimenta em um comportamento mais ou menos ativo, a ação comporta um processo de *personalização* daquilo que se sentiu no próprio coração. Se sinto ira (= emoção), e ainda mais se, em seguida, a manifesto descarregando-a sobre quem a provocou naquele momento, identifico-me com aquela emoção, interpreto-a com meus gestos e palavras, vivo-a com intensidade, justamente porque nela me envolvo... Se essa maneira de agir for repetida e se tornar resposta consueta a quem considero que me faz injustiça, paulatinamente a ira se torna um estilo ou um aspecto meu, algo que me caracteriza perante mim mesmo e também diante dos outros, como uma predisposição que se vai estruturando dentro de mim, em volta de um sentimento preciso. Torno-me irascível e acharei sempre mais natural sentir e ver, discernir e julgar, agir e reagir como pessoa iracunda, eventualmente inclusive de maneira desproporcional em relação à realidade (embora me dê conta cada vez menos da desproporção), e com um mundo interior povoado por pensamentos, desejos, gostos, fantasmas que se inspiram em tal sentimento.

Por isso, os sentimentos, poderíamos dizer ainda, *são a expressão sensível do nosso mundo interior e de nossa identidade.*

## 1.1. Sentimentos e consciência de si

Graças aos sentimentos é que temos acesso ao nosso coração e nos conhecemos. Conhecemos o que somos, o que nos estamos tornando a partir de emoções que sempre determinaram nosso sentir e inspiraram nosso agir, talvez sem refletirmos tanto sobre a efetiva bondade e qualidade da emoção mesma e do gesto correspondente.

Por essa razão, podemos descobrir-nos com sentimentos que se solidificaram bastante em nós, que nos impulsionam e atraem em direções precisas que poderiam corresponder ou não corresponder inteiramente ao que deveras queremos ou que, a certa altura, escolhemos como ideal de vida: um sentimento de solidariedade com os pobres, por exemplo, ajuda-me a viver meu ideal de amor humano e cristão; não assim a inveja, que me faz encolerizar-me por causa do bom êxito do outro, e que me leva ao ponto de traduzi-la em tentativas concretas de provocar-lhe a ruína. Ou pode haver sentimentos que conduzem nosso próprio desejar e projetar, fazendo-nos sentir bons e belos, desejáveis e ideais quanto o somos, efetivamente, mas também quanto não o somos propriamente, falsificando, portanto, nossa apreciação.

É o que nos conta a parábola do bom samaritano, em Lucas, que narra ambas as possibilidades a partir da mesma emoção: todas as três personagens que passam pelo caminho veem o pobrezinho e, provavelmente, sentem pena, mas somente no caso do bom samaritano se torna solidariedade efetiva e, por conseguinte, sentimento que segue a direção apropriada. No caso dos outros dois homens, o sentimento é de pena estéril, que não se traduz em ação correspondente, mas produz (pseudo-)sentimentos que seguem outros interesses e conduzem a outra direção (Lc 10,33). Em breve, aprofundaremos esse ponto.

Em todo caso, os sentimentos dizem-nos, com certa clareza, aonde realmente está indo nossa vida, sem contentar-nos com declarações de princípio ou da correção dos comportamentos, nem tampouco com as nossas escolhas assim chamadas de fundo, que poderiam ser, pelo menos parcialmente, desmentidas pela orientação que está assumindo nossa energia afetiva.

## 1.2. Julgamento emocional

Os sentimentos pertencem ao âmago de nós mesmos. Além de dizer-nos algo a respeito de nossa identidade em sentido geral, como acabamos de ver, eles revelam-se como uma realidade bastante complexa, não tão simples como poderia parecer: são uma questão do coração, mas também da cabeça e das mãos, em todo caso, não (apenas) de pele.

Os sentimentos têm uma tonalidade predominantemente emocional, aparecem-nos – e sentimo-los – como o produto de investimentos incônscios de energia afetiva ou, mais simplesmente, de apegos (ou o seu contrário) antes de tudo instintivos a pessoas e a coisas, a ideais e a projetos. Mas existe também um componente *racional* no sentimento que é importante reconhecer, e que consiste no significado que damos ao que aconteceu e, mais particularmente, à nossa reação ao fato. Faz parte do sentimento, inclusive, esse tipo de avaliação que – por exemplo – me fará "sentir" alívio ou libertação psicológica por ter desafogado minha ira, e que, no fundo, é como uma justificação dela; ou que, talvez, terá permitido, oportunamente, ao sacerdote e ao levita da parábola de Lucas, não se sentirem minimamente culpados por haverem seguido em frente (rumo ao Templo ou em direção às próprias atividades habituais) à vista daquele desventurado, e que – ao contrário – terá provocado no samaritano o gosto interior de seu gesto bom, a alegria de ter socorrido uma vítima da violência de outrem. Naquele "sentir" há um misto de emotividade e racionalidade, ou há uma sensação psicológica que comporta inclusive uma avaliação ética, ou o começo desta, o quanto basta para que o sujeito se sinta confirmado ou justificado no que experimenta. Por isso, é importante que não nos detenhamos nos sentimentos, mas que nos perguntemos a respeito de qual pensamento está em curso nos sentimentos que experimentamos.

O sentimento, nesse sentido, é como "um alerta afetivo que abre uma janela para tomar consciência das interpretações que estamos dando aos acontecimentos",[1] ou seja, daquele julgamento interior com o qual costumamos justificar o que sentimos, antes mesmo do que fazemos e, justamente de tal maneira, dando-nos razão, confirmamos aquele modo de reagir que se estruturará, portanto, sempre mais em estilo existencial, em comportamento que se tornará habitual. O sentimento implica inclusive esse julgamento emocional, poderíamos dizer, mais emotivo do que racional, muitas vezes irrefletido e imediato, mas não totalmente inconsciente, visto que deixa, no mínimo, a sensação de ter agido bem ou de ter tido razão e, portanto, de confirmação do eu. Demais, a formação da sensibilidade moral (ou da consciência) está também ligada ao desenvolvimento e à formação dos sentimentos.

## 2. Muitas emoções, poucos sentimentos

A observação psicológica situa-nos perante um fenômeno muito singular e significativo dos nossos dias, mais visível, talvez, na geração jovem, mas substancialmente universal, ou seja, a desproporção entre emoções e

---

[1] Piccolo, *Testa o cuore?*, p. 11.

sentimentos: hoje, em geral, *temos muitas emoções, mas poucos sentimentos*. Fazemos grandes experiências emotivas, somos expostos – por exemplo – ao mundo do sofrimento em suas múltiplas versões, vemos ao nosso redor ou mediante os meios de comunicação as situações mais dolorosas e os desastres mais angustiantes, sentimos inclusive certa emoção, quiçá, mas, em seguida, continuamos a viver nossa vida (e a consumir nossas refeições enquanto o telejornal nos informa sobre o enésimo assassinato), sem que interiormente sejamos tocados por isso de modo especial: há quem diga que é uma defesa, se não legítima, pelo menos compreensível; do contrário, já não viveríamos.

Assim também no plano da fé: pensemos em quantos jovens são convidados a fazer experiências particulares (desde Jornada Mundial de Juventude à experiência em missão; do grupo de oração fervoroso ao testemunho impactante do convertido da vez), sem que, a seguir, tudo isso incida sobre a pessoa, sobre sua identidade e vocação. Jovens "informados sobre os fatos", no máximo interessados na proposta, mas não o suficiente para nela apostar a vida;[2] ou habituados a experiências de todo tipo ("peritos"), mas sem que estas se estruturem em *sentimento*, ou seja, em uma ação correspondente e, em seguida, em um

---

[2] A crise vocacional está, sem dúvida, ligada também a esse bloqueio que impede que a emoção se torne sentimento, ou que impede – neste caso específico – que a sensação de ser (ter sido) chamado por Deus em certo momento da vida se torne uma escolha de responder de modo definitivo e acolhedor, e, em seguida, disponibilidade para deixar-se sempre e continuamente chamar por aquele que chama eternamente.

DESDE A AURORA EU TE PROCURO

modo emocional estável de enfrentar a vida, em sapiência pessoal.[3]

Então, é de se esperar não somente que aquelas emoções específicas se percam ou sejam abortadas, mas que – com o tempo – se possa chegar até mesmo a ponto de perder a própria capacidade de experimentar emoções e, ainda mais, sentimentos, como uma terrível atrofia emotivo-sentimental. Razão pela qual – por exemplo – a pessoa se acostuma a ver quem sofre e geme, sem sentir nada dentro de si, naquela habituação que mata em cada um a parte mais humana, a mais bela e rica. Será também uma defesa, mas nos faz viver menos e nos empobrece.

Fenômeno somente juvenil?

## 3. Gestão dos sentimentos (a partir das emoções)

Entramos na parte mais prática de nossa análise: como gerir corretamente essa dimensão tão importante do nosso mundo interior. Para tratar apropriadamente o assunto, voltemos momentaneamente ao confronto e à correlação entre emoções e sentimentos.

---

[3] Talvez, inclusive, por essa razão, enquanto usualmente não temos dificuldades em exprimir as emoções (de resto, porque se exprimem sozinhas), somos muito mais discretos em manifestar os sentimentos, e frequentemente nos envergonhamos deles porque nos revelam inteiramente. Por isso, mais uma vez, em relação às sensações-emoções, somos mais passivos, dado que as padecemos com muita frequência, ao passo que no que concerne aos sentimentos, somos mais ativos.

Emoções e sentimentos podem ter os mesmos nomes; o que os distingue é a duração, a profundidade, a relação com a ação concreta e com o estímulo. A agressividade, por exemplo, pode ser emoção instantânea, mas pode tornar-se também sentimento que me caracteriza como pessoa; se é somente emoção, tem duração mais breve e é fortuita, determinada por uma situação externa, ao passo que, se se torna sentimento, trago-a sempre comigo, como uma predisposição pronta para disparar desde que se criem determinadas condições. No fundo, o sentimento conserva viva a emoção, faz com que não desapareça. E isso será um bem, se a emoção em questão for positiva, e serve para afirmar-me segundo minha identidade; diversamente, ou seja, se a emoção que lança raízes em mim me distancia do meu verdadeiro eu, será um mal.

Então, eis que já está delineado o critério discriminante: *a gestão dos sentimentos acontece a partir das emoções*. Com efeito, são elas que acionam – como centelha, dissemos – o processo que conduz ou poderia conduzir aos sentimentos. Por isso, inclusive o modo de geri-los deverá primariamente confrontar-se com *a natureza e a qualidade da emoção que lhe está na origem*.

## 3.1. Quando a emoção está em sintonia com a identidade

O que faz a diferença e ao que é preciso estar atento é fundamentalmente a relação entre a emoção e a identidade da pessoa: estou ou não em sintonia? Se a emoção faz parte da sensibilidade, e a sensibilidade – por sua vez – é expressão da identidade do sujeito, como já enfatizamos, é evidente o princípio: deve haver *coerência e convergência entre emoção e identidade*; o sujeito deve aprender a experimentar emoção *positiva* em relação à própria verdade, ou seja, senti-la atraente e convincente, talvez exigente e intrigante, mas bela e fascinante. É uma emoção tão positiva que o sujeito decide traduzi-la na prática e traçar, portanto, um percurso inclusive para os sentimentos, a fim de que a emoção não permaneça simples veleidade. Teremos, então, duas possibilidades operativas, que apreendemos do Evangelho e, mais particularmente, na já citada parábola do bom samaritano (cf. Lc 10,29-37).

*a) "... viu e seguiu adiante, pelo outro lado"*

Os dois homens veem o desgraçado desfalecido por terra: os sentidos externos funcionam bem e acionam certo dinamismo interno, que me faz pensar que ambos tenham sentido um certo dó, como uma emoção totalmente espontânea e natural em tal caso, e ainda mais em *assonância* com a identidade de um pastor chamado a cuidar de suas ovelhas.

A emoção, porém, ao que parece, detém-se aqui (e também a conexão com os sentidos internos). Não é confirmada, de maneira nenhuma, por uma ação correspondente; talvez não seja sequer tão intensa a ponto de dar início ao gesto consequencial. Cada um dos dois "seguiu adiante, pelo outro lado" (vv. 31-32) daquele miserável, mas, antes de tudo, "pelo outro lado" da própria emoção: ignora uma e anula a outra. Retomam seu caminho onde a emoção da dor pelo outro lentamente se definha; a avalição racional ou o julgamento emocional deles mantiveram-nos ligados ao dever do culto a ser celebrado, ou mais simplesmente, ao prazer da vida cômoda de quem pensa somente em si, presumindo, desse modo, ocultar a pobreza de seu coração, de homens e de pastores, por trás do zelo ritual, e não se dando conta de que a imunidade física, assim salvaguardada,[4] torna-se imunidade também psicológica e espiritual, ou seja, aridez geral, vazio de sentimentos humanos.

O que é desconcertante e paradoxal é que, homens de culto, como o são, não percebem que, colocando Deus e a celebração em sua honra em alternativa ou até mesmo em antítese ao serviço ao homem necessitado, colocam-se também contra si mesmos, violentando a própria identidade e falsificando a própria verdade, anulando, portanto, uma parte de si mesmos: são menos homens, precisamente, e ainda menos, justamente eles que preservaram a própria pureza ritual não se contaminando com sangue humano, podem agora presumir celebrar ritos agradáveis ao Deus que sofre pelo ser humano.

É o risco que todos nós corremos, a cada dia, sempre que a emoção – particularmente a emoção positiva, a que está em harmonia com nossa identidade-verdade – não se traduz

---

[4] O contato com o sangue teria sido contaminador a ponto de impedir, em seguida, a celebração do culto. Na realidade, o texto diz que o sacerdote "descia pelo mesmo caminho" (v. 31), que vai de Jerusalém (lugar do Templo) a Jericó; portanto, o perigo da contaminação não seria argumento válido, pelo menos para um culto iminente; em todo caso, expressaria o comportamento geral, distanciado, daquele que não quer... sujar-se as mãos no contato com o homem e seu sofrimento.

em ação correspondente. Emoção preciosa, portanto, mas que tem – como toda emoção – vida breve e incerta, é somente um começo de vida, de tal sorte que, se não é seguida de uma ação que a confirme e se deixe inflamar por ela, apaga-se e desaparece (eis por que há muitas emoções e poucos sentimentos). É um princípio psicológico evidentíssimo; no entanto, quem sabe quantas vezes simplesmente ignorado.

Uma última e talvez não inútil observação: quem sabe por que razão Jesus escolheu justamente os padres (de seu tempo) para narrar a distonia entre emoção e sentimento!

*b) "... viu e moveu-se de compaixão"*

Mas há também quem acolhe a emoção e *a converte em ação*, aliás, em uma série de ações. Há um dinamismo impetuoso e irreprimível no samaritano, que manifesta a riquíssima vitalidade da emoção e, de algum modo, impõe a este homem, antes de mais nada, *deter-se* e interromper sua viagem, deixar-se ferir pelas feridas que vê. Se o mundo é um imenso pranto, e "Deus navega em um rio de lágrimas" (Turoldo), quem crê nele vê feridas e lágrimas que, ao contrário, permanecem invisíveis a quem – infelizmente! – perdeu os olhos do coração, como o sacerdote e o levita. Aquele deter-se, ao contrário, exprime a profunda liberdade de quem considera o tu mais importante do que o eu; a dor do outro, motivo suficiente para interromper os próprios projetos; a escuta de quem geme, sacrifício que vale mais do que todos os holocaustos.

E se alguém pensa que a combinação emoção-sentimento é algo aleatório, unicamente emotivo-sentimental, continue a leitura e encontrar-se-á diante de um jorro de verbos (vv. 33-35), no relato lucano, que expressam o frenesi apaixonado e a extrema concretude de uma emoção que se torna sentimento: o samaritano – chamado de "bom" justamente por isso – aproxima-se, derrama óleo e vinho, toca e se deixa tocar – isto é, contaminar-se e tornar-se imundo – por esse ferido e por suas feridas; enfaixa-as, coloca-o nos ombros, cuida dele, pede e consegue que inclusive outras pessoas o façam, de algum modo, paga por ele, de maneira unilateral e generosa, sem condições. Ao contrário, em um crescendo de atenções que indicam como a pena inicial está tornando-se, lentamente, compaixão.

## c) Sentimento humano-divino

Compadecer-se significa sentir-se tocado nas entranhas à vista de alguém que sofre, como uma mordida, uma contração no estômago, um espasmo, uma rebelião, algo que *impele e move todo o ser, dentro e fora* (= com-moção). É a fonte da qual jorra a misericórdia eficaz, e que vemos admiravelmente realizada na história da salvação: compaixão não é somente escutar e consolar, comiserar-se e ter pena, mas é sentir dor pela dor do outro, a ponto de que pelo menos um pouco possa passar, quase como se fora uma transfusão, para o próprio coração; é consentir a quem veio contar-me seu penar, ir-se embora aliviado daquele sofrimento, porque pelo menos em parte o acolhi em meu coração. Com efeito, sinto-me mal, sofro pelo outro e com o outro; volto aos meus compromissos, mas carrego comigo aquela dor.

Sentir compaixão é um dos vértices mais altos da humanidade. Um sentimento que torna o coração do homem, do homem-sacerdote como o de qualquer ser humano, independentemente de sua fé, como o de Deus. O contrário, um coração incapaz de hospedar o sofrimento do outro significaria a vergonhosa hipocrisia de quem realiza um gesto, por muito bom que seja (como a escuta ou o consolo, a celebração de um culto ou a participação nele), não inteiramente verdadeiro, não suficientemente apoiado por uma emoção-sentimento correspondente. Simples variante do gesto do sacerdote e do levita da parábola, ministros de um deus que não existe.

Por isso, reafirmamos que a fé deve ser vivida e testemunhada também com os sentimentos: "Uma fé esvaziada dos sentimentos é uma fé árida, triste, ascética, sombria, sem vida. Diria inclusive insuportável para quem se aproxima de certos assim chamados fiéis".[5]

## 3.2. Quando a emoção não está em sintonia com a identidade

Todos nós já sentimos e continuamos a sentir emoções que não estão no mesmo comprimento de onda de nossa identidade; não é tão estranho assim. O problema é ver o que fazemos com isso. Temos, de fato, a possibilidade de dar livre curso a tais emoções, acolhendo-as e favorecendo-as, convertendo-as em ações, ou podemos restringi-las e limitá-las, não lhes dando prosseguimento comportamental. No primeiro caso, tornar-se-iam sentimentos, ou seja,

---

[5] Pronzato, *Un prete si confessa*, Gribaudi, 2013, p. 47.

emoção estabilizada, que predispõe à ação e influi na vida.
No segundo caso, ao contrário, seriam contidas e controladas; não havendo a vazão da conduta (o *acting-out*), não se tornariam sentimentos, maneira habitual de ir ao encontro da vida, ou de reagir diante de determinadas situações. Façamos aqui também uma rápida referência ao texto sagrado e a duas personagens, em relação entre si, de vida emotivo-sentimental muito intensa: Saul e Davi.

*a) A corrupção de Saul*

Saul foi escolhido por Deus de maneira absolutamente gratuita, e elevado a uma dignidade suprema: havia saído para procurar suas jumentas extraviadas, viu-se ungido rei de Israel. É uma completa eversão de perspectiva na consideração de si mesmo, que não deve de forma alguma ter sido fácil para o ex-pastor: não é fácil permanecer na altitude com Deus, cultivar emoções e sentimentos coerentes com aquele plano vocacional por ele pensado, e resistir à tentação de descer de quando em vez ao vale, para ter o controle da vida e torná-la um pouquinho mais à própria medida. É duro acreditar que você foi chamado a fazer o impossível não somente amando a Deus, mas precisamente com seu coração e, entrementes, deixar escapar-lhe das mãos tantas ocasiões de possível felicidade e de satisfação afetiva imediata; não é fácil continuar a deixar que seja Deus que, à sua maneira, cuide de sua dignidade e positividade, sem que você se deva preocupar excessivamente em defender sua estima e conquistar pontos aos seus olhos e aos das outras pessoas. Principalmente se, perto de você, surge alguém que parece melhor do que você, mais bondoso e sábio, mais jovem e elegante, mais capaz e competente, mais atraente e fascinante...

Aqui está onde tem início a corrupção de Saul, com uma simples emoção de inveja em relação a Davi. Uma emoção que parece pouca coisa, até mesmo compreensível, dado o entusiasmo um pouco despudorado das mulheres que aclamavam o jovem extraordinariamente belo e forte, que havia matado Golias, fazendo comparações mesquinhas;[6] em resumo, algo absolutamente venial: quem não se teria sentido invejoso naquela situação, ou quem nunca sentiu um pouco de inveja?

Contudo, um demônio pode infiltrar-se em tal emoção e, lentamente, começar a ofuscar mente e coração, com uma pressão emotiva e tenaz.[7] Aquela emoção é como um câncer, talvez pequeno, mas maléfico, sutil, porém obstinado, capaz até mesmo de instilar no coração do rei pulsões homicidas, armando sua mão. A emoção, uma coisa pequena, torna-se, pouco a pouco, ação, e ação destrutiva; e assim, a pulsão de um momento se cristaliza em sentimento. E o declínio do rei se torna irrefreável, sempre mais tomado por uma vida emotiva que jamais aprendeu a controlar, e que agora corrompe toda a sua pessoa. O ex-pastor

---

[6] "Saul matou aos milhares, Davi, às dezenas de milhares" (1Sm 18,7).

[7] Precisamente essa é a natureza da tentação, que nos provoca onde somos mais fracos. Na origem, a tentação é natural, ou explora as áreas onde cada um é mais vulnerável para, em seguida, distanciar-nos sempre mais – especialmente se não é reconhecida a tempo pelo que significa – a partir do desígnio de Deus sobre nós ou de nossa identidade. Naquele momento, torna-se verdadeira e própria tentação, operação diabólica. Contudo, mais ou menos favorecida pelo tipo de (não) atenção-vigilância do sujeito.

de jumentas está tornando-se também ex-rei de Israel, a essa altura rejeitado por Deus. Isto é, a emoção não em sintonia com sua identidade, uma vez traduzida em ação, leva-o sempre mais a extraviar sua própria identidade, a já não ser ele mesmo, a já não experimentar nenhum arrependimento. Por isso, afirma o Papa Francisco, "a corrupção espiritual é pior que a queda dum pecador, porque se trata de uma cegueira cômoda e autossuficiente, em que tudo acaba por parecer lícito: o engano, a calúnia, o egoísmo e muitas formas sutis de autorreferencialidade...".[8]

Toda corrupção, portanto, é corrupção antes de mais nada da sensibilidade.

### b) A correção de Davi

Em alguns aspectos e até certo ponto, a história de Davi é semelhante à de Saul. Em diversas ocasiões cede gravemente (= com gravíssimas consequências para outras pessoas) à pressão de uma emoção que o domina como a

---

[8] Papa Francisco, Exortação apostólica *Gaudete et Exsultate*, sobre o chamado à santidade no mundo atual, 165, São Paulo, Paulinas, 2018. Em outra ocasião, o Papa se expressou assim sobre o tema da corrupção: "Diria que a origem da corrupção é o pecado original que cada um traz em si... O tema é pecadores sim, corruptos não. Todos somos pecadores. O pecado não me assusta, mas a corrupção sim; a corrupção vicia a alma e o corpo. Uma pessoa corrupta está tão segura de si que não pode voltar atrás. Inclusive o empreendedor que paga a metade a seus operários é um corrupto. E uma dona de casa que trata a empregada de certa maneira é uma corrupta... Na Igreja há corrupção? Sim, há os corruptos. Sempre os houve na história da Igreja. Mulheres e homens de Igreja entraram no jogo da corrupção" (do sítio *In terris*, 22 de janeiro de 2018). Cf. também J. M. Bergoglio, *Guarire dalla corruzione*, Bolonha, EMI, 2013.

DESDE A AURORA EU TE PROCURO

um adolescente: olhar libidinoso, narcisismo incontrolado, adultério, homicídio premeditado, engano de inocente,
abuso de poder, delírio de onipotência e – o que é pior –
sem nenhuma consciência do próprio mal ou – em nosso
termos – sem nenhuma sensibilidade moral-penitencial.
Mas Deus não desiste, e não apenas lhe envia o profeta
para contar-lhe a história de um ricaço sem coração em
relação ao mais pobre, mas com pedagogia singular o faz
experimentar uma emoção imensa, o maior pesar que um
ser humano possa sentir: o da doença e, depois, o da morte
do filho, seu primogênito, ainda criança, para dar-lhe uma
ideia, talvez, da emoção penosa que Deus Pai sente por um
filho como ele, que corre o risco de perder-se. A história do
ricaço egoísta, então, fá-lo descobrir o rosto de seu coração;
a angústia em decorrência da morte do menino lhe desvela
o amor de que aquele coração é capaz e, por contraste, também o amor e o sofrimento do coração de Deus. A correção
da parte do Senhor impede a corrupção de seu coração.

E Davi muda. Seu coração está experimentando novas
emoções, de natureza e qualidade infinitamente superiores àquelas conhecidas e sofridas por ele. E é isso, agrada-
-me pensar, que lhe dá força para não continuar a sofrer e
traduzir em ações aquelas pulsões emotivas que o estavam
humilhando em sua dignidade. As diversas emoções que
agora o coração experimenta e sofre, dolorosíssimas, reve-
lam-lhe, como por encanto, o mistério de Deus e de seu eu.

E ainda mais significativo, como uma prova do que estamos dizendo, é o que acontece em seguida. Quando Davi
experimenta a dor da traição do filho e, posteriormente,

as ofensas humilhantes de Semei, mostrará uma singular liberdade interior ao não se deixar levar por uma reação emotiva natural e que, no entanto, teria sido compreensível, e para a qual é estimulado pelos que lhe estavam ao lado (cf. 2Sm 16,10-12).

Disso advém um ensinamento precioso. Não é simplesmente um esforço de vontade que permite controlar as emoções diante de nossa identidade, mas o fato de experimentar outras emoções mais conformes ao que somos chamados a ser; emoções mais verdadeiras e libertadoras, mais belas e promissoras, mais ricas e dignas de tornar-se sentimentos. Nesse sentido, a correção é eficaz quando não apenas nos pede que abandonemos tudo o que não é oportuno e não está em consonância com nossa identidade, mas quando nos mostra e nos faz experimentar novas maneiras de ser e de sentir, mais conformes ao nosso mistério e à nossa verdade.

Em termos mais pedagógicos: ninguém pode pedir validamente a si mesmo ou a outra pessoa uma renúncia se, ao mesmo tempo, não consegue, de algum modo, entrever ou experimentar ou fazer experimentar o espaço de liberdade que se abre diante da pessoa graças àquela renúncia, ou a emoção de beleza que lhe é oferecida mediante ela. Se alguém, de fato, conhece somente as emoções ligadas à gratificação dos instintos egoístas, desenvolverá sentimentos que vão somente naquela linha. Entretanto, se alguém é provocado a experimentar outras emoções, mais em sintonia com a própria verdade, então estará, em maior medida, em condições não só de controlar as próprias (velhas) emoções, mas de gerir seus sentimentos, de discernir a qualidade deles e de viver plenamente, na riqueza e na originalidade da própria humanidade, seus próprios ideais de vida.

## 4. Formação dos sentimentos

Às vezes se pensa que os sentimentos sejam inatos, ou que Santa Teresa de Calcutá, por exemplo, tivesse uma predisposição particular pelos mais miseráveis, o que lhe tornava fácil um serviço que, para outros, seria menos espontâneo.

Nada de mais tolo e desrespeitoso. Uma emoção torna-se sentimento, acabamos de ver, somente mediante a ação, graças à ascese discreta e repetitiva dos gestos, talvez pequenos e inobservados, mas que seguem a mesma direção da emoção, a qual, por sua vez, deverá ter como ponto de referência a identidade da pessoa, tornando-se emoção estável precisamente no sentimento. O segredo está todo aqui, nessa dupla coerência de vida que criará, depois, continuidade – por exemplo – entre o sentir pena (do outro), o sofrer (dentro de si) e o sofrer junto (do outro); entre o sentir piedade de alguém e o ser livre para acolher sua dor a fim de mitigá-la com gestos correspondentes. Trata-se de mudanças de maneira alguma espontâneas; ninguém nasce já compassivo, se falamos de um sentimento absolutamente central no caminho de maturidade humana e mais ainda cristã.

Mas todos e, de modo particular, quem é chamado a ter os mesmos sentimentos do Bom Pastor, somos obrigados a formar em nós tais sentimentos, mediante um percurso que podemos sintetizar assim (além do que já foi visto).

## 4.1. *Deixar-se provocar pela realidade*

Antes de mais nada, é preciso *acolher o desafio e as provocações da realidade, não fugir nem defender-se dela*, não certamente no sentido, já desaprovado, da exposição selvagem e indiscriminada dos sentidos, mas para dar realismo e concretude ao próprio ideal de vida. A realidade tem uma incrível importância educativa, com muito mais razão para o fiel que a reconhece até mesmo como lugar onde o mistério assume forma, e o segundo mandamento se torna semelhante ao primeiro. Por isso, é importante que, se realmente o coração quiser ser verdadeiro, *os sentidos estejam despertos*, todos, exteriores e interiores, para ver, sentir, tocar a realidade e deixar-se tocar por ela, compreendê-la, especialmente aquela mais problemática, que exige certa abordagem e coloca em crise. E lembramos o jamais superado axioma tomista, segundo o qual cada um acolhe e capta da realidade aquilo que seu coração está preparado e predisposto a compreender.[9] Dizia um fiel e pastor coerente, com rica vida emotivo-sentimental, como Padre Mazzolari, que "quem tem pouca caridade vê poucos pobres; quem tem muita caridade vê muitos pobres; quem não tem nenhuma caridade não vê realmente ninguém".[10] Ou seja, *ubi amor ibi oculus* [onde há amor, há visão] (Ricardo de São Vítor).

---

[9] "Quidquid recipitur ad modum recipientis recipitur."

[10] Apud L. Sapienza, *La parola ai poveri, L'Osservatore Romano*, 19/X/2016.

## 4.2. "Avaliar as pessoas mais pelo que sofrem do que pelo que fazem..."

A realidade é rica e provocadora, é escola de formação, mas não totalmente do mesmo modo, na mesma entidade e para o mesmo tipo de formação. Por conseguinte, é preciso favorecer o contato com aquela realidade (em sentido amplo) *que mais facilmente expõe ao tipo de emoções e sentimentos que fazem parte da própria identidade vocacional.* É um princípio fundamental para a formação inicial e permanente, em virtude do qual não é indiferente o lugar ou o contexto humano-psicológico da formação, o tipo de relações e de frequentações de quem está em formação, ou seja, de todos.

No caso do fiel e do pastor, chamado a trazer em si a ternura de Deus Pai para a humanidade sofredora, é, portanto, buscar explicitamente o contato com a periferia da vida, com a realidade do homem que sofre, que se encontra diante do drama da injustiça, que padece a tentação de sentir-se rejeitado, que é atingido pela maldade dos outros, que toca concretamente a própria impotência... Tal realidade, quando se torna realidade de vida ou frequentação habitual do anunciador do Evangelho, inevitavelmente termina por plasmar nele um homem diferente, de coração terno e compreensivo, de olhar respeitoso e que vai além da aparência.

Graças a tal olhar, este aprende sempre mais a "avaliar as pessoas mais pelo que sofrem do que pelo que fazem",[11] como dizia outra personagem de coração evangélico da

---

[11] D. Bonhoeffer, Disprezzo degli uomini?, in: *Resistenza e resa. Lettere e scritti dal carcere*, Milão, San Paolo, 1988, p. 66.

qualidade de Bonhoeffer. Essas palavras, bem compreendidas, bastariam por si para revolucionar radicalmente nossa forma de aproximar-nos do ser humano, nosso irmão, e, mais em particular, da nossa moral, ainda inteiramente e apenas atenta às ações e às transgressões ("em pensamentos, palavras, atos e omissões"), e tão pouco ao que o coração sofre. No entanto, recorda-nos aquele "ateu crente" que foi Emil Cioran, Deus tem justamente essa atenção, se "no dia do Juízo forem pesadas apenas as lágrimas".[12]

### 4.3. Sentimentos e unidade de vida

Se os sentimentos se formam a partir das emoções, a atenção primária volta-se para o conteúdo da emoção sentida e para sua sintonia com a própria identidade, como já enfatizamos. Mas reiteramos que uma emoção que não esteja de acordo com a própria vocação distancia a pessoa de si mesma, puxa-a para a direção equivocada. Dar-lhe vazão em uma ação correspondente e, portanto, desenvolver um sentimento que se inspira estavelmente naquela emoção, é como decidir fazer crescer dentro de si outro sujeito, ou cair na luta psicológica na qual um pedaço de si luta contra o outro pedaço; em todo caso, será o indivíduo como tal que se prejudicará.

A formação dos sentimentos, expressa em termos positivos, produz como efeito a unidade de vida, que não pode ser construída somente sobre um equilíbrio – quase uma *par condicio* [paridade de condição] – da atividade e dos tempos, mas sobre o fato de que a pessoa tende para um único objetivo, que fascina não somente a razão, mas também o coração, e não é

---

[12] E. Cioran, *Lacrime e santi*, Milão, Adelphi, 1990, p. 86.

buscado somente pelos pensamentos da mente, mas inclusive pelas emoções e sentimentos ou pela sensibilidade inteira; objetivo que não é apenas o ponto de chegada explicitamente compreendido, mas também o que o ser humano sonha e deseja, no nível consciente ou incônscio, de dia e de noite.

## 4.4. Sentimentos e unicidade-singularidade do eu

Por outro lado, não podemos contentar-nos com sentir emoções, por mais que possam estar em plena harmonia com nosso próprio projeto identitário. As emoções e, mais precisamente, aquelas que estão em sintonia com o eu ideal da pessoa, devem ser traduzidas em vida vivida, na forma que o sujeito considerar oportuna e que pode ser inclusive muito discreta. Em todo caso, é importante, porque é justamente isso que torna a pessoa mesma um ser verdadeiramente único-singular-irreproduzível.

Com outras palavras, as emoções podem ser as mesmas em um grupo de diversas pessoas, mas, no momento em que a emoção individual é traduzida em escolhas concretas, ali se exprime no grau máximo a liberdade e a originalidade do indivíduo. Repitamos, então, que *as emoções podem ser idênticas entre várias pessoas, mas os sentimentos jamais*, visto que estão ligados ao indivíduo e à sua história, à sua vivência e ao que ele quer ser, à realidade na qual vive e às suas provocações. Nos sentimentos está escrito nosso nome e... sobrenome.

Do mesmo modo, em uma comunidade, há uma única fé ou um único carisma, mas o modo segundo o qual cada um "sente" uma e outro é típico de cada pessoa; e de novo, isso está ligado àquela passagem estratégica da emoção que intui que ali está oculta a própria identidade à ação correspondente, que concede a cada fiel ou consagrado o sentimento de pertença àquela fé ou àquele carisma.

## 4.5. Toda escolha orienta a vida (e a escolha sucessiva)

Quando a emoção se torna sentimento, aquele sentimento se torna parte da sensibilidade, como modo de sentir estável e estilo de vida consueto, que tornará sempre mais fácil, natural e criativo, por exemplo, *sentir compaixão e deter-se*. Se o samaritano se comporta como sabemos, não o faz simplesmente porque é um cara de bom coração, generoso por natureza, mas porque as suas escolhas de vida, talvez inclusive pequenas, educaram-no à atenção ao outro, plasmando nele sentidos, sensações, emoções, sentimentos, atrações. Um pouco como dizíamos antes a respeito de Santa Teresa de Calcutá.

Se o sacerdote e o levita, ao contrário, olham e seguem adiante, não o fazem simplesmente porque têm um caráter diferente, talvez porque são tímidos ou reservados, ou porque têm um forte senso do dever e devem chegar a tempo para desincumbir-se de outros compromissos (mais ou menos cultuais), mas porque seus sentidos e sentimentos não foram educados para dar a precedência ao outro, especialmente a quem sofre, e se conseguem sentir certa pena, também aprenderam, infelizmente, uma forma de neutralizá-la/desativá-la, sem sentir-se minimamente culpados.

A coisa poderá inclusive funcionar (ou seja, nenhum desconforto pessoal e nada de escrúpulos, nenhum remorso ou embaraço, nenhum arrependimento e confissão), mas, em todo caso, esse gesto (ou omissão) continuará a reforçar um jeito de sentir centrado em si mesmo. Tal maneira, depois, fatalmente se estenderá a outras áreas, tornar-se-á uma maneira de celebrar a liturgia centrado em si mesmo, um estilo relacional centrado em si mesmo, uma prática pastoral centrada em si mesmo, um anúncio do Evangelho centrado em si mesmo, até mesmo uma relação com Deus centrada em si mesmo...[13] O que é um tormento, na realidade, e parece uma contradição nos termos, e, em vez disso, é a inevitável consequência da desatenção educativa dos próprios sentimentos.

---

[13] São as várias formas de autoerotismo (litúrgico, relacional, pastoral, espiritual...).

# VI · Afetos, as paixões da vida

A análise da sensibilidade humana e de seus componentes, adotando-se um critério genético como estamos tentando fazer, dá a impressão de algo que assume sempre mais uma fisionomia própria e estabilidade, contrastando com a ideia de sensibilidade como algo transitório e flutuante, fluido e pouco confiável para compreender o homem e o homem individual. Ao contrário, as emoções que – traduzidas em ação – se transformam em sentimentos e os sentimentos que fazem nascer afetos no coração humano são expressão do progressivo formar-se em nós daquela orientação interior que torna a pessoa sensível, precisamente, atraída em determinada direção, rumo a um ideal, a um objetivo vital, a uma pessoa para amar e com quem partilhar a vida, a uma verdade pela qual apaixonar-se, a uma identidade na qual reconhecer-se; mas inclusive – obviamente – rumo a objetos e realidades menos nobres e transcendentes, tais como um animal ou um brinquedo, ou um hábito de vida menos salutar a que se apegar até tornar-se dependente dele...

Em todo caso, é uma passagem fundamental da vida e do caminho de maturação global do indivíduo. Mas é muito mais um sinal peculiar da dignidade humana e de seu mistério, onde o ser humano se distancia nitidamente das espécies inferiores e assemelha-se de modo singular àquele que o criou e assim o quis, capaz de *afeto*, de dar e de receber.

## 1. O conceito

É mais fácil senti-los do que defini-los, mas os experimentamos do mesmo modo: os afetos são *um sentir dotado de sentido e de paixão, que nos indica que entramos em contato com algo ou com alguém objetivamente significativo e subjetivamente importante.*[1]

Sentimento e paixão, ou processos cognitivos e vínculo emocional: são os dois elementos constitutivos dos afetos, que acrescentam algo de substancialmente novo àquele percurso de humanização iniciado com a atividade dos sentidos.

### 1.1. Componente intelectual (senso)

Antes de mais nada, os afetos são ativados pelo *pensamento consciente e intencional*, apesar de podermos ter uma sensação-convicção diferente. Até mesmo no sentido comum, afeto é diferente de pensamento, especialmente se for pensamento consciente e reflexo; ou, no máximo, considera-se que o afeto nasce no reino obscuro e frequentemente ingovernável do nosso inconsciente ("o amor é cego"). Como se não fosse ou não pudesse ser... inteligente; como se não houvesse nenhuma objetividade com a qual confrontar-se. Tentemos compreender por que não é e não pode ser assim.

Na realidade, a égua também chora a morte de seu potrinho, mas é uma dor de sensação (ligada ao instinto da maternidade como evento fisiológico). A mãe, ao contrário,

---

[1] Para esta seção, reporto-me ao livro de A. Cencini; A. Manenti, *Psicologia e Teologia*, Bolonha, EBD, 2015, p. 144-146.

DESDE A AURORA EU TE PROCURO

tem uma dor no estado de afeto: atingida (nos sentidos externos) por um evento traumático (= sensação), sente-se, ela mesma, morrer interiormente (= emoção) e sente que está experimentando ao vivo (com seus sentimentos) o mistério da vida e da morte (e, portanto, não apenas com seus sentimentos, mas com uma abordagem mental-reflexiva que pode pesar na intensidade da dor): o afeto é tudo isso, e não somente em teoria e em geral, mas de maneira profundamente pessoal e participada, a ponto de sofrer dentro de si tal mistério.

Os efeitos pertencem a um nível evoluído da vida psíquica, ou seja, ao nível psicoespiritual,[2] onde a liberdade é maior porque é possível certa capacidade de abstração e razoabilidade, que os outros modos de sentir (das sensações aos sentimentos) não possuem. Por isso, os afetos são particularmente ricos de energia, e podem resistir e persistir inclusive quando sensações/emoções/sentimentos seguem no sentido inverso.

Nesse nível, por exemplo, posso dizer a meu filho que me exaspera há meses com suas extravagâncias comportamentais (= sensações e emoções negativas) que, verdadeiramente, está exasperando-me, mas que não o trocaria por nenhum outro (= sentimento que exprime um afeto estável e firme). Quem fala assim, mostra e pode dizer, sem sombra de dúvida ou de falsidade, que tem a vida e sua dimensão relacional nas mãos, é mentalmente lúcido na percepção dos problemas, não se deixa arrastar, enfrenta-os com responsabilidade, uma vez que, por outro lado, não está

---

[2]    Os outros níveis são o psicofisiológico e o psicossocial.

comentando abstratamente acontecimentos genéricos com sentido único e evidente, nem está reduzindo o problema a uma questão moral comportamental (a seu dever de pai), mas quer compreender o significado único de seu existir pessoal como ser em relação e em uma relação precisa, que o envolve profundamente. Por isso se pode dizer que não está padecendo uma situação negativa, mas está dando sentido livremente, e sentido positivo, ao seu papel de pai. Tal senso nasce do afeto e forma com ele uma unidade.

Justamente porque os afetos têm a ver com o mistério da vida e não somente com a relação que temos com as coisas, com nós mesmos ou com os outros, uma vez instalados em nosso espírito, é difícil desvencilhar-nos deles, mesmo contando com sensações/emoções contrárias, mais ligadas às situações, como no exemplo apresentado há pouco. Eles têm uma constância extraordinariamente persistente. E são indicadores confiáveis de maturidade.

## 1.2. Componente emotivo (paixão)

Também aqui há um pressuposto que deve ser esclarecido: afeto não é somente sensação/sentimento de apego e atração em relação a uma pessoa, algo que explode espontaneamente e se impõe de maneira peremptória, mas emoção/paixão que impregna o espírito e o coração por algo/alguém, que ilumina nosso ser e nossa identidade e dá sapiência e sabor aos nossos dias.

Isso é o que deveria acontecer em relação aos valores, ou aos ideais que queremos alcançar, se verdadeiramente queremos lográ-los e não fazemos deles apenas uma questão moralista ou um imperativo categórico, nem os compreendemos como pacote de virtudes a serem aprendidas ou modelo a ser imitado. Com efeito, os valores são a fonte de nossa identidade; neles reconhecemos nossa verdade pessoal, o que somos e o que somos chamados a ser; fazem parte de nós. Por isso, devem ser vividos e não somente proclamados; amados e não apenas traduzidos na prática; desfrutados e não tristemente observados; descobertos como fonte de identidade e de sentido; não somente olhados com admiração: neles reencontro a mim mesmo, de fato, tal como eles revivem em mim.[3] Como não amar o que me revela a mim mesmo em minha realidade? Daí decorre, como consequência, algo como uma dupla pertença recíproca, ou um relacionamento de circularidade entre afetos e valores, entre coração e ideal. E a consequência é a paixão da pessoa em viver e testemunhar a beleza daqueles valores, a bem-aventurança de entregar-se a eles, a certeza de uma relação rica de afeto.

O que estamos dizendo é importante inclusive no que concerne ao *conteúdo* do valor escolhido ou descoberto. Antes de mais nada, não é a mesma coisa ter um ideal de vida ou não. A ausência de ideais determina a pobreza da vida

---

[3] Um exemplo para todos é o que Paulo diz a certa altura a respeito de sua relação com Cristo: "Eu vivo, mas não eu: é Cristo que vive em mim" (Gl 2,20). Para além do significado místico-espiritual da expressão, Paulo exprime aqui a qualidade psicológica de seu relacionamento com o Cristo-ideal de sua vida; é justamente o significado da relação na qual Paulo descobre a própria identidade que faz nascer um afeto natural muito intenso e inteiramente humano.

afetiva ou a ausência de todo afeto estável; o indivíduo será capaz apenas de sensações e de emoções.

De igual modo, ter um valor de um ou de outro tipo, mais ou menos provocante e exigente, apaixonante e transcendente, não é irrelevante para a qualidade dos próprios afetos e para ter uma vida afetiva agradável e satisfatória. Afetos diferentes correspondem a ideais qualitativamente diversos. De acordo com o ideal de vida escolhido, as mesmas sensações e emoções sofrem influência, aumentando ou diminuindo de intensidade. A excitação comum (= sensação) para o amante casual,[4] para dar um exemplo, tem conotações emotivas muito mais primitivas e egoístas, meramente físicas e adolescentes, pretensiosas e irresponsáveis em relação à efervescência de quem está apaixonado e sente intenso afeto por uma pessoa definida, de quem percebe o fascínio não apenas sexual (= emoção e sentimento): são dois erotismos muito diferentes entre si, e muito diversos – por sua vez – do erotismo (= sensação) de quem luta para manter sua decisão de fidelidade em relação à pessoa amada (= ideal de vida).

Tudo isso, entre outras coisas, permite-nos examinar a verdade de sensações e expressões ligadas à vida afetiva e normalmente exibidas com certa altivez.

Por exemplo, quem é que jamais proclamou ou jamais ouviu proclamar, no testemunho ritual do fim de uma experiência de voluntariado ou de um tipo de serviço particular, ou no retorno de uma missão, que "há mais alegria no dar do que no receber"? É verdade, disse-o o próprio

---

[4] Como no caso de Alberto, de que falamos no terceiro capítulo.

Jesus, de acordo com o que Paulo refere (cf. At 20,35), mas – se não for simples frase de circunstância – de qual alegria (que é um afeto) se está falando? Alguém já perguntou alguma vez? É, talvez, aquela ligada à agradável *sensação* de distribuir presentes? Ou à gratificante *emoção* de ser contado entre os benfeitores da humanidade? Ou a todas aquelas *vantagens secundárias* (gratidão, sinais diversos de reconhecimento, estima, laços pessoais gratificantes...) ligadas ao fato de tornar-se importante para os outros? E alguém está totalmente seguro de ser tão autossuficiente e livre da necessidade de receber (que é uma necessidade respeitável)? Não é, talvez, verdade, que para receber é preciso ter a mesma liberdade afetiva exigida para dar? Em resumo, que ideal de vida existe realmente por trás dessas palavras, admitindo-se que haja um valor?

O afeto, ou a sensação gratificante, onde está ou de onde vem, nesse caso?

Ou outra frase, que se tornou clássica e, no entanto, um pouco previsível, que exprime uma humildade suspeita: "Fazendo o bem aos outros, experimentei que é mais o que recebi do que o que dei". Novamente, o que poderia esconder essa nobre expressão: humildade sincera ou narcisismo satisfeito? Em que consiste aquele "bem"? E estou realmente certo de ter dado de maneira totalmente livre? O que recebi chegou a preencher uma carência psicológica pessoal ou provocou uma dedicação mais intensa e pura? Qual é o critério de avaliação da experiência feita: o bem desinteressado dado por mim ou o bem mais ou menos interessado que recebi? Que sentido tem avaliar uma experiência começada com nobres intenções usando os verbos da prestação de contas financeira, dar e receber? Com outras palavras, o que há na origem da experiência e no modo de avaliá-la: o mistério e o valor do amor ou o uso (abuso) sutil do outro, embora não seja conscientemente intencional? Essa maneira de considerar e avaliar os afetos pode parecer exagerada e detalhista, mas o verdadeiro problema é que não estamos habituados a *discernir* o nosso mundo afetivo que, ao contrário, representa o elemento fundamental, que, em seguida, inevitavelmente irá condicionar a avaliação da mente e a decisão da vontade. Conseguintemente, vale a pena aprofundar como ele nasce e se move.

## 2. Origem e dinâmica

Definimos os afetos como um "sentir dotado de sentido e paixão". Em tal sentir, reencontramos o caminho daquela orientação emotiva que é a sensibilidade. Os afetos aparecem como a energia que dinamiza e conduz tal orientação, portanto, o elemento *decisivo* desse precioso mundo interior. Ao mesmo tempo, se a sensibilidade é composta de todos os elementos considerados nas intervenções anteriores (sentidos, sensações, emoções, sentimentos), os afetos não surgem repentinamente, como o patético grande amor que aparece "como raio em céu sereno", mas nascem *lentamente e com certa discrição*; em todo caso, representam o ponto de chegada natural de todo esse percurso. Entretanto, uma vez "nascidos", os afetos são a parte descoberta daquele mundo já não apenas interior, visto que normalmente se impõem com força à atenção emotiva, ainda que raízes suas, próximas e distantes, possam permanecer obscuras (e alguém pode até mesmo se obstinar em negar a presença delas ou considerar inútil o trabalho de recuperação de tais raízes).

Teoricamente, sentidos-sensações-emoções-sentimentos deveriam seguir, de maneira sempre mais linear e consciente, a mesma direção da identidade da pessoa. E é justamente tal convergência que torna os afetos ricos de energia, atraídos por algo/alguém que "importa", em que reconhecemos o que somos chamados a ser e a amar.

Tudo isso, porém, é o que deveria acontecer no nível teórico-ideal, uma vez que é possível – e não tão raro assim na prática – que os afetos sejam expressão de uma contradição interna entre o objetivamente importante e o subjetivamente importante; entre um ideal que a pessoa escolheu conscientemente (e que também "ama") e outra coisa que ela sente ser igualmente relevante para o próprio bem-estar e felicidade, ou para a própria autoestima e amabilidade, ou até mesmo para o próprio equilíbrio psíquico.

É o caso, bastante clássico, do padre celibatário que vive um amor proibido (= não coerente com sua escolha de vida), mas com o qual se sente gratificado, e não somente no plano estritamente afetivo-sexual, mas que também o faz sentir-se atraente e significativo para outra pessoa, como se lhe resolvesse o problema da autoestima e da confiança em si mesmo, tornando-lhe a vida mais vivível e bela, e o compromisso pastoral não mais como um desafio impossível.

Ou é o caso de quem, após ter feito determinada opção de vida (em que continua a acreditar), descobre uma atração não demasiado oculta por aspirações (por exemplo, fazer carreira) ou por gratificações sensoriais ou hábitos privados que talvez, para alguns, parecem de pouca monta, mas que mal se conciliam com a própria identidade (do uso dos bens materiais a certo autoerotismo; do uso do computador a certa indiferença para com o fraco e o pobre). Aquela atração é um afeto que a pessoa pode ter favorecido e que, portanto, se tornou tão forte e influente, a ponto de ela perceber sempre menos o contraste entre ele e a própria identidade, ou correndo o risco, talvez, de colocar em crise e, no final, abandonar a opção de vida já feita e orientar-se para outra escolha identitária.

Ainda está em questão – conforme veremos – a relação entre identidade e sensibilidade, que muitas vezes, nestas páginas, propusemos como o critério pedagógico fundamental para a formação da própria sensibilidade, mas que aqui vemos em uma dupla versão, ou segundo um dinamismo que é de duplo sentido de trânsito: da identidade à sensibilidade e da sensibilidade à identidade.

## 2.1. Da identidade à sensibilidade (fase ascética)

O primeiro movimento é aquele que já conhecemos: é a identidade, ou o ideal escolhido, que indica conteúdo e modalidade segundo os quais devemos viver nossa sensibilidade. E é totalmente lógico. Se a identidade constitui nosso eu ideal e, portanto, o que nos define em nossa verdade, é justo que seja também o ponto de referência ou o critério de conduta de sentidos, sensações, emoções, sentimentos e afetos. Ao contrário, o que se põe em contraste com o nosso eu mais verdadeiro não pode nem deve tornar-se objeto dos nossos gostos e desejos, afetos e decisões, visto que nos distanciaria de nós mesmos, para além da ilusão-tentação contrária (de sermos nós mesmos) e, no entanto, com a renúncia que isso implica.

Nesse sentido, a identidade vem *antes* da sensibilidade, à qual indica um caminho *ascético*.

## a) Harmonia interior

Quando tal princípio é respeitado, e graças a esta coerência, a pessoa vive em um estado de harmonia profunda e de firmeza interior. Obviamente, mesmo que falemos de afetos, tal princípio ultrapassa o âmbito puramente afetivo e talvez sexual, e se aplica à vida em geral. Se, portanto, para sermos concretos, o objetivo e o ideal existencial são um projeto que vai no sentido do dom de si, como é o ideal sacerdotal (ou também simplesmente cristão, ou conjugal), *a sensibilidade da pessoa deverá ir, nas diversas situações da vida, na mesma direção*, para criar sempre mais dentro de si sensações, emoções, sentimentos e afetos sinceramente abertos ao outro, capazes de empatia e de compaixão, livres para dar afeto de modo gratuito e intenso, especialmente a quem dele mais tem necessidade.

Se esse é o princípio teórico, então poderíamos ter duas situações práticas: uma negativa e outra positiva, na vida de quem fez uma escolha vocacional definida. Quando sentidos e sensações estão normalmente habituados a perceber o outro de determinada maneira, em função dos próprios interesses ou de uma gratificação pessoal, e, portanto, "usando-o" para si mesmo (mesmo se não necessariamente cometendo graves transgressões), ali a pessoa se está predispondo a viver determinado tipo de relação na mesma direção (autorreferencial). Se tal pessoa se encontra em uma situação de envolvimento afetivo particular (confiram-se os diversos enamoramentos), e, por isso, será chamada a fazer um discernimento sobre como interpretar a relação no plano de seu significado, dos gestos, das expressões de afeto, é provável que o hábito, adquirido precedentemente, de "usar" o outro de certa maneira condicionará o próprio discernimento e o julgamento moral da pessoa, que não verá nada de mal em viver uma relação efetivamente ambígua, em que o uso do outro correrá o risco de tornar-se abuso (mesmo que não seja de forma forçosamente evidente, nem em sentido – repitamos – unicamente sexual). Em tal caso, evidentemente, a sensibilidade viaja na direção contrária em relação à identidade, determinando um discernimento correspondente e, portanto, igualmente dissonante dela.

Enquanto é claro, ao contrário, que uma orientação geral da sensibilidade "educada" no sentido heterorreferencial, capaz de compreender e respeitar o mistério e a dignidade do outro e de dar a precedência ao tu sobre o eu, ajudará muito a viver bem a própria afetividade, inclusive em situações de pressão mais intensa da pulsão genital-sexual; talvez ajudará a antecipar-se a algumas situações de crise afetiva, ou a fazer com que não sejam demasiado frequentes (como busca obsessiva de pontos de apoio para um eu débil), nem tão invasivas, ou pelo menos auxiliará a viver a crise sentimental de modo realista, sem perder o senso da própria identidade, sem a pretensão irrealista de possuir o outro, (ab)usando dele em função das próprias carências (afetivas e sexuais).

*b) Identidade como verdade (e conteúdo), sensibilidade como liberdade (e estilo)*

O que quero enfatizar particularmente é que *o problema, mesmo quando se torna afetivo, ou explicitamente genital-sexual, é sempre gerido de acordo com a sensibilidade geral amadurecida precedentemente pelo indivíduo.* Portanto, também o discernimento vai nessa mesma direção. E isso porque a sensibilidade representa o *estilo,* poderíamos dizer, a maneira habitual de viver, ao passo que a identidade é o *conteúdo* que a inspira. E se a identidade indica ou é a *verdade* do indivíduo, o estilo deveria exprimir a *liberdade* com que alguém vive o que é chamado a ser, experimentando sua atração e seu gosto.

A essa altura, é óbvio que não basta insistir, durante a formação inicial e permanente, no conteúdo ideal, ilustrando-o, ou na verdade, contemplando-a. E tampouco exclusivamente nos comportamentos que agem no conteúdo, conformando-se a este. É preciso intervir no estilo a fim ativar no sujeito a adesão *livre* àquela verdade, motivada sempre mais pelo gosto de vivê-la e de viver plenamente a própria identidade. E, talvez, de modo particular, na vida do sacerdote celibatário, que mais corre o risco de uma divergência entre ideal e prática de vida. Visto que falamos de afetos, se a identidade é a do padre celibatário pelo Reino dos céus, poderíamos dizer que *toda sensibilidade* deverá inspirar-se nesse ideal, ou ser, ela mesma, de algum modo, "celibatária" ou virgem, orientada em tal direção e na direção dos valores que estão na base de tal opção.[5] Do contrário, a escolha celibatária torna-se fingimento ou simples fachada, constantemente desmentida por uma interioridade que segue na direção oposta, quando não até mesmo algo impossível, uma tortura ou maldição. E que não tardará em manifestar-se, especialmente nas situações críticas.

Mas é verdadeiro também o processo inverso, o que vai da sensibilidade à identidade, e é, talvez, o aspecto mais inédito e digno de atenção.

## 2.2. Da sensibilidade à identidade (fase mística)

Não é somente a identidade que tem prioridade sobre a sensibilidade e seus componentes, mas é igualmente *a sensibilidade que influencia a descoberta e a escolha daquilo que queremos ser.* Sentidos e sensações, emoções e sentimentos, mas, de maneira inteiramente específica, simpatias e afetos exercem uma inevitável pressão sobre aquela descoberta, visto que orientam sempre mais o indivíduo a perceber verdade, beleza e bondade objetivas de um ideal de vida, até sentir sua atração; esta, por sua vez, torna-se sempre mais forte quanto mais o sujeito lê naquele ideal também a *própria* verdade, beleza e bondade, a ponto de escolhê-lo como o que deseja ser, como a *própria* identidade, passando do importante "em si" para o importante "para mim".

---

[5] Em tal sentido é que se diz que a virgindade é totalizante, ou seja, só é possível vivê-la se se estende a toda a pessoa, tornando-se estilo de vida, modo de relacionar-se com os outros e de fazer amizades, mas também estilo orante e crente. Ou é virgem toda a pessoa, ou a virgindade é falsa (cf. A. Cencini, *Virgindade e celibato hoje: para uma sexualidade pascal*, São Paulo, Paulinas, 2009).

Se a identidade indica o caminho *ascético* para a sensibilidade, esta última se torna algo como a alma *mística* que impele a escolher e a viver por amor, na liberdade do amor, do gosto de fazer as coisas por amor, de discernir o que agrada a pessoa amada. Talvez pudéssemos dizer que, quando Paulo fala de "liberdade no Espírito", oposta à "escravidão da lei" ou das obras,[6] supõe justamente esse tipo de percurso psicológico que reúne verdade e liberdade, mística e ascética, identidade e sensibilidade, e permite ao crente libertar-se do peso de uma moral com fim em si mesma (= moralismo/perfeccionismo/voluntarismo), para gozar da beleza do deixar-se atrair pelo amor.

Ambos os aspectos, portanto, o místico e o ascético, devem estar presentes em um projeto formativo, em um relacionamento circular recíproco. *Ascética sem mística* significaria escolha voluntarista-moralista do eu ideal, não suficientemente apoiada pela paixão de quem descobriu um tesouro no campo e "cheio de alegria, vai vender todos os seus bens e compra aquele campo" (Mt 13,44). *Mística sem ascética*, ao contrário, significaria uma atração por um ideal que permanece fraco e instável, carente da coragem de traduzir-se em escolhas e renúncias correspondentes. E, se por acaso, terceira alternativa, estivessem ausentes tanto a mística quanto a ascética, então a vida daquele indivíduo seria simples e tristemente medíocre, "nem fria nem quente", com os resultados "apocalípticos" que conhecemos.[7]

---

[6]    Cf., de modo particular, a Carta aos Romanos.

[7]    "... porque és morno, nem frio nem quente, estou para vomitar-te de minha boca" (Ap 3,16).

## a) Sensibilidade vocacional inicial

A sensibilidade, portanto, desempenha um papel muito importante no discernimento em geral e na individuação do próprio ideal, ou seja, no discernimento vocacional, que não é um processo apenas intelectual ou moral, ou espiritual, mas dinamismo emotivo, que inclui aqueles processos e influencia-os. Um motivo a mais, em relação ao que já foi dito, para pensar em uma concepção ampla da intervenção educativa, que não se limite ao controle dos comportamentos, mas que parta dos sentidos e das emoções, das sensações e dos sentimentos, para que o afeto e a paixão que nascem daquele *dinamismo emotivo* não sejam indiferentes e neutros, ou, pior ainda, selvagens e perversos, mas impulsionem a escolha na direção verdadeira-bela-boa, e aquela escolha seja livre, ou seja, feita por amor.

De resto, se hoje a vocação está em crise, isso acontece porque, na cultura hodierna, está em crise primeiramente a sensibilidade vocacional, inclusive a crente, sensibilidade compreendida como paixão pela descoberta do próprio eu ideal e como itinerário de busca não apenas intelectual, nem tampouco exclusivamente orante, mas que tende para uma progressiva identificação com os sentimentos de Deus, para ver a vida e a si mesmo com os olhos dele. A escolha será autêntica, de fato, somente se for segundo o coração do Eterno, o Chamador. Precisamente por isso, ademais, a animação vocacional é e deve ser formação de base do crente comum, não prêmio para os mais meritórios ou recrutamento dos melhores.

Quem, ao contrário, orienta a própria história sem nenhuma perspectiva transcendente e em tudo, inclusive nas coisas pequenas e veniais, acostuma-se a buscar somente a si mesmo e os próprios interesses, aos poucos verá somente a si mesmo e dentro de uma ótica que não supõe nenhum chamado do alto, mas também nenhum apelo da história em que vive, nenhum envolvimento nos dramas e sofrimentos que vê ao redor de si (se é que consegue vê-los...). Seu afeto, então, será tão aplacado por um viver encaracolado em si mesmo, que chegará ao ponto de projetar a vida na mesma direção, estreita e mesquinha, sempre mais incapaz de compreender a esqualidez do narcisismo no qual corre o risco de terminar por viver e vegetar.

## b) Sensibilidade vocacional permanente

Em todo caso, deve-se esclarecer que a opção de vida que é fruto desse caminho formativo coerente não é somente a que se coloca no início de um itinerário vocacional, mas a que é *continuamente* confirmada e reforçada ao longo de todo o caminho existencial, da parte de quem se torna sempre mais criativamente fiel a si mesmo porque sempre mais atraído pelo ideal. No fundo, é o progresso da vida: da escolha vocacional à formação inicial, desta à formação permanente e, em seguida, da experiência de ser chamado à escolha de ser chamador (ou de emprestar a própria voz como mediação do Eternamente Chamador), da alegria do Evangelho recebido à alegria do Evangelho anunciado. Em um *continuum* de afeto-paixão por um ideal que é sempre mais atraente-convincente-exigente, e que é também sempre mais escolhido, até o último dia da vida.

E aqui, também, nos deparamos, realisticamente, com a possibilidade contrária. A sensibilidade vocacional não está em crise somente nos jovens que já não entram no seminário (ou que já não se casam), mas igualmente em quem já fez uma escolha, qualquer quer seja, mesmo se a escolha cujo abandono causa mais alvoroço seja a sacerdotal. Em muitos casos, em muitas dessas histórias, a motivação foi e é sempre a mesma, ou ressoou como um refrão constante: "O chamado de antigamente já não me atrai... não estou disposto a continuar em uma escolha que já não exerce nenhum fascínio sobre mim... sinto-me traído por essa vocação... para mim, ser padre já não me diz nada... há outro amor que agora me atrai mais... houve um tempo em que amei essa vocação; agora, sem nada renegar, esse amor simplesmente já não existe... percebo que, talvez, me iludi; agora, sinto que não há amor nenhum ou, talvez, jamais houve... eu seria hipócrita se continuasse neste estado vocacional etc.".

Talvez com alguma alteração, as expressões são extensíveis inclusive às crises matrimoniais, com a idêntica sensação de fundo: a sensibilidade já não é a mesma, as atrações mudaram, os sentimentos seguem outro rumo em relação ao momento da escolha inicial.

Isso é possível? Certamente, di-lo justamente a realidade de tais crises, mas mais importante é tentar compreender como e por que isso pode acontecer.

### c) Perseverança ou fidelidade?

Uma primeira explicação, verdadeira e confiável, mas que, talvez, poderia ser silenciada pelo moralismo, é a que podemos deduzir do que acabamos de dizer: se a sensibilidade não acompanha a identidade, ou não se conforma sempre mais a ela, a certa altura é inevitável que tome outro rumo, ou experimente o tédio e, depois, outras e variadas atrações, ou perceba que o amor de antigamente já não existe, enquanto despontam outros amores. Determinada cultura hodierna acha isso inteiramente plausível, porque os sentimentos – assim se diz – "não são para sempre... a sensibilidade pode mudar na vida, aliás, é inclusive bonito que mude... se o amor terminou, não há nada a fazer, muito menos há de que inculpar-se...".[8]

No fundo, essa abordagem ideológica não diz algo errado: é verdade no sentido de que a sensibilidade não pode ficar bloqueada em um tipo de congelamento (até porque seria contrário à sua natureza, rica de vida e de... calor), mas deve abrir-se ao novo, e não por uma questão de exaurimento do amor de antigamente, e sim pelo motivo oposto: porque se, de um lado, a identidade (descoberta e escolhida no passado em um projeto de vida) representa algo definitivo, que não pode mudar, de outro, é por natureza dinâmica e se revela progressivamente. Por conseguinte, pode ser escolhida uma e outra vez somente se se decide responder de maneira nova a esses apelos e provocações novas, sempre dentro daquele projeto.[9] Apelos e provocações que certa-

---

[8] Existem até mesmo alguns psicólogos segundo os quais "crer que o amor seja para sempre" é um dos "preconceitos a serem evitados para amar melhor" (U. Telfener, Le forme dell'addio amoroso, *Psicologia contemporanea*, 264 [2017], p. 34).

[9] Mais exatamente, na identidade pessoal há um núcleo central constituído de valores nos quais o indivíduo vê o que quer ser e o crente o

mente, às vezes, podem complicar a vida, mas que supõem e exigem, em todo caso, motivações diferentes em relação àquelas dos começos, critérios de escolha atualizados, respostas adequadas ao que agora o ideal está revelando de si, coragem maior para abrir-se aos horizontes inéditos que o ideal está propondo...

Em conclusão, alguém não pode pensar em repetir e repetir-se em seu ideal de vida. Muito menos em uma ótica crente, porque se é Deus que chama, Deus certamente não se repete e não repete hoje o que me pediu (e deu) ontem. Portanto, também minha resposta não poder ser a mesma, mas será, a cada dia, uma maneira diferente, mais rica e original, de viver minha vocação e a fidelidade a ela. Sem contentar-me com ser apenas *perseverante*: o perseverante, de fato, é um homem de palavra... consigo mesmo; substancialmente, repete-se (às vezes inclusive com certa rigidez); assim, permanece na instituição, mas sem necessariamente renovar (= tornar nova) a própria escolha e suas motivações.

---

que Deus quer que ele seja, identificando-o como a própria vocação. Tal núcleo é estável e definitivo, inclusive no sentido – em geral – de uma pertença a uma instituição (como no caso do sacerdote ou do consagrado) ou a uma pessoa (como no caso do matrimônio). Precisamente em tal sentido, costumava dizer o missionário e também beato Padre Vismara: "Cresça onde você foi semeado". Se na história houve casos de pessoas consagradas que optaram por uma mudança de seu projeto de vida, isso aconteceu de modo autêntico quando se tratou de tornar ainda mais radical seu chamado, sem desmentir a escolha primitiva, mas, ao contrário, tornando-a sempre mais coerente (obviamente para além dos casos em que se verificou que o discernimento primitivo não tenha sido conduzido corretamente).

A fidelidade, ao contrário, é *relacional*, é a resposta de cada dia àquele que é fiel, fiel em doar-me e pedir-me cada dia algo mais, fiel no chamado e no apoiar minha resposta, fiel em compreender minha fragilidade, mas também no não se contentar com minha mediocridade, fiel em revelar-me traços novos de seu rosto e também do meu, fiel em um amor que é ele, por primeiro, sempre novo, fiel – apesar de tudo – em continuar a confiar em mim.[10]

E se a perseverança é repetitiva, a fidelidade, em contrapartida, é *criativa*; se a primeira é estática, a segunda é *dinâmica*. Amiúde, quem persevera tende a ser *conservador*; quem se empenha na fidelidade é *aberto à novidade*. Às vezes, o perseverante é bastante deprimido, não parece desfrutar plenamente de sua vida, e muitas outras vezes é *duro* com quem desiste; diferentemente de quem vive não apenas o cansaço, mas a *alegria* da fidelidade, e consegue compreender também a fragilidade de quem desiste, sem julgar. Para perseverar, é suficiente a *docilitas* [docilidade]; para ser fiel, é preciso a *docibilitas* ["atitude de deixar-se educar"].[11] Se o perseverante escolhe como objetivo não cometer nenhuma transgressão dos compromissos ligados àquela escolha, o fiel busca crescer sempre mais na paixão e nas motivações, razão pela qual a cada dia escolhe novamente o amor dos começos. Se a perseverança é uma

---

[10] A respeito da diferença entre perseverança e fidelidade, cf. A. Cencini, *Formazione permanente...*, 42-45 [ed. bras.: *Formação permanente, acreditamos realmente?*, tradução de José Bortolini, São Paulo, Paulus, 2012].

[11] Para compreender o sentido desses dois termos e a diferença entre eles, pode-se consultar, por exemplo, A. Cencini, *Formação permanente*, cit.

questão de vontade e de... resistência, a fidelidade é uma questão de *coração-mente-vontade*, é expressão de um envolvimento global da pessoa, no qual precisamente a sensibilidade desempenha um papel decisivo, com novas sensações e emoções, novos desejos e sabores, nova intimidade com o primeiro amor. Aparentemente, a perseverança é mais fácil e simples, porque não coloca o sujeito diante de exigências e solicitações novas; na realidade, justamente por isso, se é apenas repetição, conduz lentamente a um tipo de morte interior e espiritual, ao fastio daquilo que se repete sem recriar-se, como uma fotocópia que simplesmente reproduz o passado (e procura iludir o tempo que passa).

Certamente, a perseverança é uma realidade positiva e virtuosa, mas somente como etapa de um caminho mais completo, ou somente se se torna fidelidade e se abre a ela. Estranhamente, o tipo perseverante é frágil e está sempre exposto à possibilidade de uma vida não totalmente gratificante, talvez até mesmo frustrante, monótona, exatamente porque repetitiva, quiçá nostálgica do entusiasmo do passado, fraca diante das provocações alternativas, e sempre correndo o perigo de ceder, ou de abandonar, precisamente porque não está inspirada em uma sensibilidade viva e que cresce no amor apaixonado.[12]

---

[12] E uma vez que a sensibilidade obedece às mesmas leis ou é regulada pela mesma gramática, tudo o que dissemos agora pensando na situação do consagrado no celibato ou na virgindade pode ser aplicado inclusive a quem se uniu a uma criatura por toda a vida, como acontece no Matrimônio.

# VII CONSOLAÇÃO E DESOLAÇÃO, VARIEDADE E VERDADE DOS AFETOS

"Afetos" é uma palavra complexa, que abrange certa variedade de significados. Explicando-os melhor, podemos convencer-nos ainda mais da necessidade de submeter à formação esse aspecto de nossa sensibilidade, mas podemos também compreender melhor como educar os nossos afetos e ao que prestar atenção concretamente.

Tomando emprestada a expressão que remonta a Santo Inácio, não presumo minimamente reformular sua profunda doutrina do discernimento dos espíritos, nem me ater rigidamente a ela, mas tenciono simplesmente conferir certa ordem à nossa reflexão sobre os afetos, indicando os positivos e os negativos, sempre em perspectiva evolutivo-educativa, e em função do discernimento. Antes de mais nada, os afetos positivos, ou seja, aquilo ou aquelas situações pelas quais a sensibilidade pessoal foi educada a sentir atração, que constituem a alegria do indivíduo ou representam algum interesse seu. E, em seguida, ao contrário, aquilo ou a pessoa em relação a quem a sensibilidade experimenta o movimento oposto, de rejeição ou de repulsa, de distância emotiva ou de sensação, em todo caso, negativa. "Positivo" e "negativo", aqui, não equivalem, portanto, a "maduro" e "imaturo", mas indicam a dinâmica normal da vida humana, marcada por uma sensibilidade que provoca apegos e rejeições.

No fundo, consolação e desolação são como duas faces da mesma moeda. Se uma realidade me atrai, de fato, rejeitarei o que lhe é contrário, uma vez que toda sensibilidade positiva (de atração) determina, por natureza, uma insensibilidade ou sensibilidade negativa (de não atração). Contudo, não poderei certamente presumir de ser exonerado dessas sensações ou de experimentar somente as positivas. A vida é feita de consolação e de desolação. E, talvez, a qualidade da existência humana seja inclusive indicada pela qualidade dessas sensações. Sem dúvida, o discernimento está ligado à capacidade de reconhecer o que nos dá consolação e o que nos dá desolação.

## 1. Consolação

Reunamos sob esse termo aqueles afetos que nos levam a amar, em sentido amplo, certa situação ou um modo de ser e de agir, ou uma pessoa ou uma categoria de pessoas, e a assumir, em relação a eles, uma atitude geral positiva. Veremos tal comportamento em quatro formas diferentes, inter-relacionadas: atrações, desejos, gostos, expectativas realistas. Todas as quatro expressões da sensibilidade permitem experimentar, precisamente, determinada consolação. Seguirei aqui um procedimento lógico e progressivo (ou cumulativo), para mostrar como, idealisticamente, das atrações se passa aos desejos, destes aos gostos e, por fim, às expectativas realistas.

## 1.1. Atrações

Comumente se entende por atração aquele tipo de movimento interior que nos arrasta em determinada direção. É aquele afeto, ou energia positiva, por exemplo, pelo qual o ser humano se sente incitado a abrir-se ao outro e a entretecer relações (atração *relacional*), ou pelo qual o homem sente interesse pela mulher, e vice-versa (atração *sexual*). Mas sente também o fascínio pelo belo, ou paixão pela busca da verdade (atração *estética* e *veritativa*). E não em geral, mas na medida em que pode tornar bela, verdadeira e boa sua pessoa, e conferir sentido à sua vida e à sua história (atração *vocacional*), dando o melhor de si, o máximo do dom (atração *oblativa*). Inclusive quando tal sentido ultrapassa o dado puramente sensorial e, transcendendo-o, abre espaços inéditos à busca (atração *espiritual* ou pelo *Mistério*), ou exige da pessoa um alto preço (atração *ideal* ou por um ideal). E poderíamos continuar com os exemplos, que estão a ilustrar-nos esse grande potencial de energia que nos foi dado como provisão a nós, seres viventes, já, de algum modo orientado e orientador, e radicado na natureza.

Nesse sentido, a atração é, *de per si*, algo passivo. Mas não é apenas instinto que se impõe com autoridade e se exprime em todos sempre da mesma maneira, e que também os animais experimentam. No ser humano, a atração, embora percebida espontaneamente, exige sempre a intervenção da vontade que decide. É um ato humano, não gesto despótico da natureza. É algo que pode crescer ou diminuir, qualificar-se sempre melhor ou deteriorar-se como puro mecanismo impulsivo e incontrolado, que pode inclusive tomar caminhos oblíquos. A atração pode exprimir-se de vários modos nas diversas pessoas. Portanto, não é somente passividade, mas também atividade.

Por outro lado, deixar-se atrair pela verdade e pela beleza, por exemplo, indica e é dinamismo de alta qualidade. Manifesta a liberdade de entregar-se ao que é verdadeiro, belo e bom, bem como de contemplá-lo ao redor de si e de comover-se, de desejá-lo concretamente, como o sabe fazer o enamorado, e somente o enamorado.

Mas é também algo que está estreitamente ligado à dinâmica da evangelização, se é verdade que "a Igreja cresce não por proselitismo, mas por atração",[1] precisamente devido a essa capacidade (passiva) de deixar-se atrair pela beleza e pela verdade de uma "boa notícia", e pela liberdade (ativa) de aderir a ela e, em seguida, suscitar atração por ela. Ou seja, o anúncio como expressão da própria sensibilidade (espiritual), capaz de entrar em contato com a sensibilidade de quem escuta.

## 1.2. Desejos

Os desejos representam uma primeira forma de *educação das atrações*. Como uma tomada de consciência deles, de seu significado no contexto da existência humana e da própria existência, na escolha sempre mais precisa de um

---

[1] Papa Francisco, Exortação apostólica *Evangelii Gaudium*, 14. São Paulo, Paulinas, 2013. Na realidade, a frase é de Bento XVI, pronunciada na homilia da Missa de inauguração da V Conferência Geral do Episcopado Latino-Americano e do Caribe, no santuário de Nossa Senhora Aparecida, no dia 13 de maio de 2007.

DESDE A AURORA EU TE PROCURO

objeto (que pode ser inclusive um "sujeito") em condições de responder a ela e na capacidade subsequente de canalizar sentidos e sensações, emoções e sentimentos rumo àquele objeto/sujeito capaz de satisfazer essas atrações naturais.

Se, por exemplo, a atração sexual é, por si, indistinta e voltada para o gênero feminino, o desejo será por uma mulher definida e, portanto, imediatamente estendido à riqueza dela no mistério de sua individualidade, em que a atração será ainda mais intensa e motivada. Além disso, se a atração impulsiona rumo à relação interpessoal, o desejo implicará a educação de tal impulso contra toda tentação de fechamento em si mesmo ou, tentação mais sutil, de abertura para o outro somente aparente, ou seletiva e interessada. Se todo ser humano é atraído pelo que é verdadeiro e belo, a pessoa não poderá contentar-se com uma veleidade ideal ou talvez somente intelectual, mas deverá empenhar-se em desejar a verdade e a beleza nas próprias escolhas de cada dia, até escolher concretamente um ideal de vida que dê beleza e verdade à sua existência.

O desejo, nesse sentido, é – direta ou indiretamente – *o pedagogo da atração*, a qual está fundamentada na natureza, já vimos, mas tem, não obstante, necessidade de ser educada e orientada de modo preciso e coerente, não somente com a natureza humana em geral, mas inclusive com a identidade da pessoa, nas vicissitudes concretas de sua história. *Educar é justamente buscar essa sintonia de fundo entre atração natural e identidade individual.*

Demais, se a atração fornece energia e uma orientação genérica ao desejo, este último concentra a energia na tensão rumo a um objeto definido e torna, assim, efetiva e verdadeiramente afetiva aquela atração, colocando-a em harmonia com a própria verdade e com os próprios ideais. O desejo, portanto, educa a atração com uma dupla operação: *concentra-orienta* todas as forças (emoções, sentimentos, afetos...) para o objeto que apazigua, e coloca tal atração *em sintonia com a identidade* da pessoa.

Por isso, não é impossível que alguém possua uma atração, sem jamais tê-la transformado em desejo, ou em decisão de canalizar todas as próprias energias na tensão rumo ao objeto atraente (por vários motivos mais ou menos inconscios).[2] No fundo, a atração é uma possibilidade teórica, posto que real, como uma potencialidade, ao passo que o desejo é sua realização concreta. Assim como é ainda possível que uma atração não seja educada-formada, isto é, jamais colocada e vivida em sincronia com a identidade do indivíduo; é, portanto, inobservada, ignorada a ponto de ser quase contradita ou até mesmo eliminada.

É isso o que hoje acontece frequentemente com a atração que poderíamos chamar de *espiritual*, presente em todos, pelo Mistério ou pelo Transcendente, ou pelo que, seja

---

[2] Como é o caso de quem teme o envolvimento com uma pessoa de outro sexo e ilude-se ao negar a atração com uma escolha vocacional que não implique tal envolvimento (como a opção sacerdotal ou religiosa), expondo-se, porém, a notáveis riscos quando a ilusão se revela como tal: o risco de que a atração exploda incontrolável mais adiante na vida, ou que venha apaziguada, de algum modo, em compensações míseras, reduzindo, porém, desse modo, a qualidade da vida e da escolha, ambas banais e medíocres, sem entusiasmo e calor, somente "escoradas" como uma casa periclitante, sempre a ponto de desmoronar. É o que acontece quando falta uma motivação autêntica.

como for, pode dar sentido à nossa vida, amiúde tentada pela insensatez. Uma atração genérica, ainda que real, mas que espera ser personalizada e vivida. Nesse momento é que se torna desejo de Deus, e o desejo aparece-nos como categoria interpretativa particularmente eficaz no revelar--nos Deus e o ser humano: *Deus como o sumamente desejado, e o ser humano como profundamente desejoso*.

Por conseguinte, o desejo e a capacidade de desejar – enfatizamos – é que torna o ser humano pessoa, capaz de colocar-se diante de um Deus-pessoa e de descobri-lo em seu mistério, em sua divina sensibilidade e em seus desejos, em suas pretensões e surpresas. É, então, que a relação se everte pouco a pouco: *Deus como eternamente desejoso, o ser humano como o perenemente buscado e desejado*. São o duplo sentido de trânsito do desejo, mas é também a experiência essencial da fé, bem como da sensibilidade crente que nasce e cresce graças a uma atração-desejo que leva o ser humano a desejar intensamente e a descobrir que é desejado, ou seja, eternamente amado, sempre e por todo o sempre.

É a experiência que deveríamos saber suscitar no coração do homem e da mulher de hoje, que muitas vezes se esquecem dessa atração espiritual, ignoram-na e negam-na ou até mesmo a ridicularizam. Novamente, fica evidente como o anúncio do Evangelho seja operação intrinsecamente ligada à sensibilidade do anunciador. Ser homem ou mulher verdadeiramente espirituais em um mundo tão pouco espiritual e no clima tão secularizado de hoje significa ter amadurecido uma sensibilidade singular, que talvez tenha atravessado fases alternadas e fatigantes, inclusive de obscurecimento do desejo e de não reconhecimento de seu verdadeiro objeto, mas que, justamente por isso, habilita a acompanhar outros nesse percurso e em seu esforço para discernir quanto seria difícil reconhecer da parte de quem não amadureceu tal sensibilidade.

Com efeito, é possível ser crente e não ter feito crescer em si essa sensibilidade espiritual. Somente o homem espiritual pode despertar no outro a nostalgia de Deus. Através de um percurso educativo de (re)ativação de sua sensibilidade espiritual, como um caminho de maneira alguma evidente e espontâneo, mas certamente muito mais simples e lógico do que poderia parecer, até mesmo conatural.

Efetivamente, tal percurso parte da convicção tenaz de que existe essa atração como um dado natural e universal, impossível de eliminar totalmente, embora sepultado e oculto de mil e uma formas nas profundidades talvez inconscientes do sujeito. E, portanto, também sempre pronto a reemergir, especialmente quando o sujeito é provocado pelos acontecimentos da vida e pela companhia de quem conhece bem aquele caminho, a voltar às raízes do próprio eu e a colocar-se algumas questões ineludíveis.

Certa insatisfação e frustração, por exemplo, ou a busca contínua e desiludida de felicidade, ou a necessidade de um amor grande e eterno, ou o desprazer pelas próprias incoerências, ou a tensão em relação a alguma coisa grandiosa e que parece escapar a uma apreensão definitiva e sempre além das próprias realizações... Não será isso e muito mais, talvez, o sinal de uma aspiração presente no coração de cada homem e de cada mulher rumo a algo ou a alguém que transcende a realidade terrena? E, ao mesmo tempo, que Deus deseja, em primeiro lugar, entrar em contato com o ser humano, a fim de aplacar a sede de seu coração?

Homem ou mulher espiritual é exatamente quem é capaz de chegar e fazer chegar a esse desejo original, humano e divino. Mais em particular, é esse tipo de exegeta e intérprete dos desejos humanos, uma espécie de rabdomante do divino no coração humano, capaz de desenterrar o desejo que o ser humano sente de Deus e fazê-lo emergir de toda aquela realidade de outros desejos, aparentes e débeis, falsos e enganadores que o cobrem e escondem, e que poderão inclusive iludir e seduzir, mas que jamais conseguirão eliminar aquelas necessidades que o Eterno colocou e semeou em cada coração, como uma cicatriz sua, uma nostalgia, que, cedo ou tarde, faz cada ser humano dizer (mesmo quem não reza habitualmente): "Minha alma tem sede de ti, de ti, meu Deus" (Sl 62,2).

O ser humano espiritual é esse sedento capaz de indicar a fonte que dessedenta e a ela reconduz.[3]

---

[3] Colho parcialmente essa reflexão da 3ª meditação (titulada "Descobrir e interpretar a sede de Deus") dos exercícios espirituais pregados pelo Reverendo J. Tolentino de Mendonça ao Santo Padre, em Ariccia, em fevereiro de 2018 (cf. Marco Guerra, *Vatican News*, sexta-feira 23/02/2018; cf. também *Avvenire*, 23/02/2018).

## 1.3. Gostos

Da junção atrações-desejos nascem os *gostos*, ou seja, *a capacidade de fruir e de perceber o sabor agradável da realidade e de determinadas realidades.* Os gostos são um fenômeno experiencial, são "o que vem depois", supõem o ter conhecido-experimentado certa realidade e – se vale o paralelo com o alimento material – exprimem aquela sensação que só pode experimentar quem "mastigou" bem aquele determinado alimento espiritual, somente quem o manteve longamente na boca, degustando-o lentamente, permitindo o próprio palato comprazer-se em um sabor novo e inédito, e tornando-o sempre mais familiar e imediatamente reconhecível. Poderíamos dizer que, se não se chega a experimentar gostos novos, não se pode falar de processo formativo autêntico, especialmente se se trata de formação da sensibilidade.

Talvez certa espiritualidade ou pedagogia formativa não tenham dado tanta importância aos gostos e à sua educação; na realidade, essa capacidade de degustação mostra a transformação real da pessoa e do seu mundo interior, ou até mesmo indica a passagem de uma vida conduzida na lógica da observância da lei ou do dever à liberdade do Espírito e no Espírito. Trata-se de um modo completamente diferente de viver, já não atormentado pela obrigação e pela perfeição, pela tensão do esforço e da renúncia, às vezes até mesmo pelo escrúpulo e pelo desespero do fracasso, mas tornado livre e liberado graças ao gosto de fazer as coisas por sua beleza, sem nenhuma outra recompensa ou interesse fora do gesto realizado, de sua verdade, beleza e bondade intrínsecas, e da alegria que dá a quem o realiza simplesmente porque nele crê com todo o seu ser.

Essa verdade, beleza, bondade cessariam de ter um significado somente teórico e abstrato, frio e insípido, graças a essa atenção formativa, e remeteriam a um gosto particular, a um sabor muito característico. Todo valor e toda virtude, poder-se-ia dizer, de fato, têm seu gosto próprio, algo inconfundível. E o virtuoso é justamente um profundo conhecedor de gostos, dos gostos ligados às virtudes, sabe distingui-los e sobretudo sabe vivê-los; é alguém que "tem faro", como um enólogo capaz de reconhecer e degustar o perfume dos diversos tipos de vinho. Mas é também alguém que é capaz de espalhar ao seu redor o perfume da virtude.

Um crente, então, deveria aprender a ter um "palato de bem-aventuranças", ou seja, não somente se exercitar (no plano ascético) para ter uma conduta mansa e misericordiosa, de pobre e de puro de coração, mas para descobrir (no nível místico) a extraordinária beatitude ou misteriosa alegria interior oculta nesses comportamentos, dada aos pobres, puros, mansos, diante da qual os gostos do passado são nada, "perda e... lixo" (cf. Fl 3,8), coisa que deve ser jogada fora, que não tem resistência no confronto com o que o coração descobriu e que pertence a um passado, a essa altura, distante. É a conversão dos gostos!

Pensando bem, isso é o que faz viver e experimentar o gosto pela oração, por simplesmente estar diante de Deus, deixando-se envolver pelo seu olhar e ler por sua Palavra... Justamente isso impede a oração de tornar-se uma prática triste de piedade, feita porque se "é obrigado". Mas, em geral, impede todo gesto virtuoso de se reduzir a mera observância, a obrigação comportamental. E consente experimentar o gosto do lavar os pés ao pobre,[4] do perder o próprio tempo pelo outro, do pequeníssimo gesto de gentileza que não é observado por ninguém, do perdão dado sem que o outro o peça, do inventar maneiras novas para anunciar o Evangelho como Boa-Nova, do sentir-se gratificado pelo simples fato de semear a boa semente da Palavra, sem pretender fazer a colheita, porque semear é, *de per si*, belo e satisfatório. E, ainda, é o gosto de ser virgem, pobre e obediente em um mundo que já não aprecia tudo isso e crê sempre menos em nós, mas que fica impressionado com quem, vivendo assim, é... escandalosamente alegre. Experimenta uma alegria que o mundo não conhece, ou jamais experimentou. É a liberdade de quem discerne em cada coisa "o que é bom e agradável a Deus", com aquele "faro que instintivamente distingue o mau odor da morte do perfume da vida".[5]

## 1.4. Expectativas realistas

Atrações, desejos, gostos são afetos que dispõem o coração na gestão do presente, mas também no modo de ir ao encontro do futuro, especialmente quando todos três

---

[4] É o gosto experimentado por Francisco, que beija o leproso, como vimos, oposto ao esforço voluntarioso de João, o Misericordioso (cf. cap. 4, §§ 5 e 6).

[5] S. Fausti, *Una comunità legge il vangelo di Matteo*, Bolonha, EDB, 1999, p. 206.

DESDE A AURORA EU TE PROCURO

caminham na mesma direção, indicada pela identidade da pessoa.

O mesmo "sinal" funciona como ponto de referência para as assim chamadas *expectativas*, isto é, para *aquelas expectativas que cada indivíduo, de maneira mais ou menos consciente, tem em relação à vida e aos outros, ou para aquilo que cada um espera das escolhas fundamentais feitas*, da própria vocação e do fato de vivê-la agora neste definido contexto histórico e cultural, nesta Igreja e neste mundo, em um lugar bem preciso e com problemas igualmente evidentes...

Raramente, as esperanças ou expectativas são colocadas como tema ou transformadas em objeto de atenção e de análise, de verificação e de confronto. Todavia, são *reais*, principalmente, no sentido de que todos temos no coração determinadas esperanças, fazem parte de nossa sensibilidade, filhas de determinado caminho levado adiante, expressão seja de nosso eu atual (= o que nosso coração é, teme ou deseja), seja do nosso eu ideal (= o que ainda não somos, mas que gostaríamos de realizar). Muitas vezes, porém, permanecem implícitas, jamais confessadas, nem mesmo a nós mesmos. Às vezes, até mesmo inconscientes.

Ao mesmo tempo, as expectativas são significativas e importantes porque determinam nosso estado de ânimo ao enfrentarmos as diversas circunstâncias cotidianas, a maneira pela qual vamos ao encontro da vida de cada dia, as exigências que, em todo caso, lhe fazemos e o que, no final, decide nossa felicidade. A expectativa, de fato, é um tipo de pretensão. De algum modo, considero garantido aquilo que espero, como se fosse um direito ou tivesse outra probabilidade de acontecer: se não se realiza, sentir-me-ei duplamente frustrado, ou porque decepcionado comigo mesmo, ou porque iludido pela vida.

Eis por que é importante verificar essas expectativas, confrontar-se com elas, submetê-las a um caminho formativo. Se, de fato, como especificamos, as expectativas são expressão do nosso mundo interior, elas exprimem também o grau da nossa maturidade ou aquilo com que o nosso coração foi educado a sonhar. De modo particular, dizem se esse mundo interior foi formado e está-se formando em sintonia com a realidade de nossa verdade, com o ideal que escolhemos livremente e que estamos interpretando autenticamente, ou não: no primeiro caso, seriam expectativas *realistas*; no segundo caso, *irrealistas*.

Expectativa realista, *para quem se casa*, é o esforço de uma relação cotidiana com uma pessoa com quem partilhar tudo da vida, e que, no entanto, permanece outra e diferente, com quem será inevitável também a incompreensão, até mesmo ao ponto do desentendimento, sem que isso signifique o fim do amor e a impossibilidade de continuar a estar juntos. Expectativa realista seria, *para o anunciador do Evangelho*, a consciência de ir ao encontro de uma tarefa bem exigente, sem nenhuma garantia de sucesso, de séquito, de consenso social, de êxito pessoal, na qual a alegria deve ser buscada no anúncio, na semeadura da boa semente, em todos e em toda circunstância, em todo lugar e periferia da vida, sempre e sem nada pretender, nem sequer a abundância da colheita. Expectativa realista, *para o consagrado na virgindade*, será uma solidão

DESDE A AURORA EU TE PROCURO

inevitável, uma necessidade de intimidade e de paternidade que, em certos momentos, poderia ser particularmente intensa e sofrida, em que, quando muito, a alegria deve ser buscada no estar ao lado de quem está mais marginalizado e tentado a não se sentir amado, em ser fértil de uma fecundidade espiritual. Expectativa e previsão muito realista, *para o apóstolo*, ainda, será certa oposição da parte da cultura circundante, talvez alguma marginalização social e, seja como for, notável preço a ser pago para viver a fidelidade ao Evangelho, mas com a certeza de não estar jamais sozinho, nem sequer – e principalmente – no momento do martírio.

Exemplo perfeito de tal expectativa realista, nesse sentido, é o testemunho de Paulo quando, em Mileto, anuncia aos anciãos da igreja de Éfeso, que está indo a Jerusalém, "sem saber o que aí me acontecerá. Sei apenas que, de cidade em cidade, o Espírito Santo me adverte, dizendo que me aguardam cadeias e tribulações. Mas de modo nenhum considero a minha vida preciosa para mim mesmo, contanto que eu leve a bom termo a minha carreira e realize o ministério que recebi do Senhor Jesus: testemunhar a Boa--Nova da graça de Deus" (At 20,22-24).

Substancialmente, Paulo afirma quatro coisas em referência à qualidade das expectativas do apóstolo:

– *a ausência de preocupação excessiva* a respeito do próprio futuro e da própria sorte ("sem saber o que aí me acontecerá");

– *o abandono confiante ao Amor*, que cuida dele ("o Espírito Santo me adverte");

– *a ausência de toda presunção* centrada em si mesmo e nos próprios "méritos" ("não considero a minha vida preciosa para mim mesmo");

– a expectativa realista de que o anúncio vigoroso da páscoa de Jesus, o compromisso sincero de dedicação e, portanto, também de partilha do mistério pascal, inevitavelmente suscitarão uma *reação contrária* ("me aguardam cadeias e tribulações").

Quando um jovem, em particular, parte com essa atitude interior, tanto realista quanto confiante e serena, a salvo de preconceitos e de cálculos, de expectativas infantis ou pretensões adolescentes, sem dúvida muitas situações futuras de crise poderiam ser evitadas e impedidas, ou não causar a amarga surpresa e o pesado sofrimento de quem contava com a gratificação de sonhos-necessidades imaturos; tais crises poderiam tornar-se até mesmo momentos de purificação e de crescimento, na persistente consolação da alma!

Outro belo exemplo, e mais próximo de nós, é o de Bonhoeffer enquanto, no cárcere, espera o processo como o pode esperar alguém que está sofrendo as consequências de um testemunho fiel e corajoso. "'Na fé' (espero) posso suportar tudo, inclusive uma condenação, até mesmo as outras consequências temidas (Sl 18,30);[6] mas uma prudência temerosa desgasta. Por favor, não se preocupem comigo, caso aconteça o pior. Outros irmãos também o suportaram. Mas

---

[6] "Sim, contigo sinto-me forte para o ataque, com meu Deus venço qualquer barreira."

um oscilar de um lado para o outro, carente de fé, a discussão sem fim sem a ação, o não-querer-arriscar, isto é um verdadeiro perigo. Devo poder ter a certeza de estar nas mãos de Deus e não nas dos homens. Depois, tudo fica leve; inclusive as privações mais duras. Para mim, agora não se trata – creio realmente poder dizê-lo – de uma 'impaciência compreensível', como talvez se dirá, mas do fato de que tudo aconteça na fé".[7] Essa é a razão por que o próprio Bonhoeffer pôde deixar escrito ao amigo bispo de Chichester: "É o fim, mas, para mim, é o começo da vida".[8] Ou seja, a fé como expectativa realista de um futuro que já não incute terror!

## 2. Desolação

Passemos agora a ver alguns afetos de sinal oposto, os que não produzem consolação, mas desolação da alma, uma sensação de rejeição em relação a determinada realidade, ou de mal-estar e de turbamento. Sempre lembrando que a vida é feita também dessas situações negativas e que é preciso, na verdade, ter a coragem de vivê-las. Aqui veremos

---

[7]  D. Bonhoeffer, *Resistenza e resa...*, p. 243.

[8]  Assim são narrados os últimos momentos antes do processo que o condenará à morte: "De repente, a porta se escancarou. Dois civis gritaram: 'Prisioneiro Bonhoeffer, prepare-se para sair!'. Dietrich conseguiu recolher suas últimas coisas. Com um lápis apontado, escreveu em grandes letras o próprio nome e endereço no frontispício de um livro de Plutarco, que a família lhe havia enviado no cárcere de Berlim. Deixou um bilhete para o bispo de Chichester, seu amigo: 'É o fim, mas, para mim, é o início da vida'". C. U. Schminck-Gustavus, *Il processo a Dietrich Bonhoeffer e l'assoluzione dei suoi assassini*, Roma, Castelvecchi, 2015.

## 2.1. Indignação

Comecemos com uma desolação que pode ter um significado importante: o ser sensível a algo/alguém ou a uma categoria de pessoas quer dizer necessariamente *desenvolver dentro de si uma reação emotiva indiferente ou até mesmo contrária em relação a outras realidades, ou em relação a pessoas ou situações que, de algum modo, opõem-se ao bem ou à felicidade de quem é importante para mim.* De per si, esse sentimento ou afeto negativo por alguém surgirá espontaneamente, induzido logicamente pelo sentimento positivo por outros, a ponto de constituir uma prova da veracidade dele, a que será perfeitamente proporcional, baseando-se no princípio segundo o qual *toda sensibilidade produz uma insensibilidade igual e contrária.*

Se, portanto, educo minha sensibilidade para ser cordialmente atenta ao outro, especialmente o outro que sofre e é excluído, que é marginalizado da vida e não tem possibilidade de acesso aos bens da vida ou a condições dignas, eu deveria indignar-me diante de quem, de diversas maneiras, torna-se responsável por essas situações de marginalização. Tal indignação é sã e verdadeira (em sintonia com minha identidade).

E, conseguintemente, não serei crível na costumeira e um pouco previsível cruzada pelos pobres e menos abastados se, em seguida, discretamente, coloco-me de acordo

DESDE A AURORA EU TE PROCURO

com os poderosos da vez (a ponto de tirar disso algumas vantagens pessoais) ou não tenho a coragem de levantar a voz contra quem oprime e humilha, marginaliza e ofende a dignidade de outrem, e tampouco serei acreditável se não tenho a força de mover um dedo para lutar contra ele. E até mesmo a oração, talvez coral e devota, na costumeira jornada dedicada às várias categorias de marginalizados (precisamente para que não sejam esquecidos), corre o perigo de certa hipocrisia, individual e grupal, se não nasce em um coração apaixonado e se não produz ação em favor daqueles pelos quais rezo e levo a rezar.

Indignação por alguém não é ou não provém somente de simpatia ou solidariedade genéricas, de compreensão ou compaixão por outras pessoas, mas da coragem de enraivecer-se e comprometer-se a ponto de, quiçá, correr alguns riscos pessoais, por essa paixão que me queima interiormente. É a paixão dos profetas, de quem luta por uma causa que considera tão justa e verdadeira que não pode curvar-se diante de ninguém. É o amor, em resumo, que nos torna capazes de indignação. O pouco amor, ao contrário, reveste-se de prudência, aquela prudência que frequentemente tem estrangulado a profecia, e tenta fazê-lo ainda hoje.

Isso leva a refletir bastante. Como é possível que haja tão pouca indignação na Igreja? Indignação em relação a e contra o mal, a injustiça, as prevaricações em prejuízo dos mais fracos, contra os poderes mais ou menos ocultos que, depois, inclusive graças à não ingerência de quem deveria ter-se indignado, tornaram-se sempre mais desapiedados e sanguinários? Por que, se pensarmos em uma realidade terrível como as várias máfias, são tão poucos os fiéis que tiveram a coragem e a coerência da indignação, e a estes poucos, posteriormente, dispusemos para que fossem chamados de heróis ou de santos (como se fossem uma exceção), ao passo que deveria ser normal e universal a indignação de quem ama o bem e condena o mal, de quem defende os fracos e repreende os poderosos?

Se é verdadeiro o princípio segundo o qual toda sensibilidade produz uma insensibilidade igual e contrária, tudo isso seria muito inquietante, estaria indicando quanto de fingimento e de falsidade existe em tantas proclamações e declarações em favor dos pobres e dos excluídos e explicaria "a globalização da indiferença"!

## 2.2. Acídia

Doença antiga, como testemunham os escritos do monge Evágrio do Ponto, do séc. IV,[9] e mal moderno, como confirmam estudos mais recentes,[10] além – compreende-se – de quanto vemos em nós e ao nosso redor.

Acídia significa literalmente "ausência de dor ou de cuidado" e, portanto, também de participação e de envolvimento; um estado interior, portanto, marcado por desinteresse, apatia, perda do gosto no agir, insatisfação crônica,

---

[9]    Cf. Evágrio do Ponto, *Trattato pratico sulla vita monastica*, 12, Roma, Città Nuova, 1992, p. 70-71.

[10]   Por exemplo, G. Bunge, *Akedia, il male oscuro*, Qiqajon-Comunità di Bose, Magnano, 1999; E. Bianchi, *Lessico della vita interiore*, Milão, BUR, 1999; G. Cucci, *Il fascino del male. I vizi capitali*, Roma, ADP, 2015, especialmente p. 313-358.

DESDE A AURORA EU TE PROCURO

fastio, desmotivação, desencorajamento, preguiça, sono-lência, melancolia, náusea, relutância, tristeza, indolência, medo do esforço, divagação dos pensamentos e irrequietude mental e física, asfixia e sufocamento da alma que condena o homem à infelicidade, falta absoluta de paixão e de entusiasmo, tepidez e mediocridade geral.[11] Pode gerar consequências singulares e aparentemente estranhas ou contraditórias, como cuidado excessivo com a própria saúde, falta de controle na alimentação (da bulimia à anorexia), extrema criticidade em relação ao próximo (especialmente com quem é virtuoso ou está sempre contente), tendência a deslocar para o exterior a causa dos próprios problemas e da própria insatisfação; ativismo descontrolado ("o padre saltimbanco", segundo uma expressão colorida do Papa Francisco) ou medo dos obstáculos, com consequente inércia, debilidade moral e fácil cedimento diante das tentações;[12] mas também desordem e inconstância, perda de

---

[11]  Cf. Bianchi, *Lessico della vita interiore*, p. 49.

[12]  Evágrio chama o demônio da acídia de "demônio meridiano". Dom Semeraro pergunta-se se não seria o caso, dadas as "nossas mudadas condições de organização do dia, sociais e culturais", de chamá-lo de "demônio da meia-noite" como tempo no qual frequentemente se manifesta certa indolência "acidiosa" diante de uma tentação nem sempre reconhecida como tal em seu significado ambíguo: a de concluir o dia gratificando, mediante os modernos meios de comunicação, uma necessidade pré-adolescente como a curiosidade sexual, esvaziando de sentido um momento importante como o que conclui o dia de um sacerdote (cf. M. Semeraro, *Custodiamo il nostro desiderio. Considerazioni con il mio presbiterio*, Albano Laziale, Miter Thev, 2017, p. 41).

tempo desperdiçado no uso descontrolado dos sentidos;[13] incapacidade de levar a cabo os próprios compromissos (até mesmo a leitura de um livro) e de ir até o fundo nas coisas, curiosidade superficial e verbosidade inconcludente, incapacidade de esforçar-se ou de dedicar-se; instabilidade e tendência a mudar e a evadir-se dos próprios deveres, medo da solidão e busca de contatos, relações fúteis e superficiais, alimentadas por mexericos e fofocas.[14]

De acordo com a sugestiva intuição de Cucci, a acídia seria exatamente o êxito do narcisismo, como "um tipo de grito de dor do narcisismo derrotado, que deve levar em conta os próprios limites".[15] O acidioso, de fato, é fundamentalmente um indivíduo ambicioso, que findou por enraivecer-se consigo mesmo e por desiludir-se da vida; que perdeu todos os gostos e acha inútil ainda se empenhar. Não é estranho que se deixe levar e se torne passivo e medíocre, pessimista e negativo, facilmente atraído por impulsos naturais.

Um problema sério é quando a acídia se torna estilo de vida de uma coletividade, ou quando condiciona a mentalidade e a sensibilidade de um grupo e é, de algum modo, legitimada por um pacto implícito. Não é raro, porque a acídia é contagiosa. Em todo caso, é certo que uma comunidade acidiosa perde toda a capacidade de atração, ou atrairá

---

[13]  O acidioso, foi dito, assemelha-se a uma vinha não cultivada e que parece abandonada. Ou a uma casa sem porta, sem fechamento, que deixa entrar tudo, sem controle algum.

[14]  Cf. Semeraro, *Custodiamo il nostro desiderio*, p. 31-33.

[15]  Cucci, *Il fascino del male*, p. 349.

somente... aspirantes acidiosos. Desse modo, regenera-se espontaneamente, e seria um mal para todos!

Mas o aspecto singular, que aqui mais nos interessa, é que a acídia parece ser expressão da insensibilidade, ou de uma vida que jamais prestou atenção à formação desse mundo interior. O acidioso é aquele que, em nosso contexto, tornou-se incapaz de sentir paixão e entusiasmo pelos valores espirituais, ou, no mínimo, é quem não aprendeu a colocar lentamente a sensibilidade em sintonia com a própria identidade de fiel, perdendo, portanto, inclusive a liberdade de amar o próprio ideal, de apaixonar-se por ele, de achar belo empenhar-se a fundo naquilo em que acredita, de ser fiel e não apenas perseverante (no melhor dos casos). E é significativo que Santo Inácio descreva a desolação em termos muito semelhantes aos que usamos para a acídia: "Chamo desolação [à]... obscuridade da alma, perturbação, inclinação a coisas baixas e terrenas, inquietação proveniente de várias agitações e tentações que levam à falta de fé, de esperança e de amor, achando-se [a pessoa] toda preguiçosa, tíbia, triste e como que separada de seu Criador e Senhor".[16]

A acídia, deve-se dizer realisticamente, é uma tentação que não poupa ninguém. Ninguém pode pretender ser sempre poderosamente atraído por seus ideais e pela vontade de vivê-los. Nesses casos, o que conta é reconhecer a natureza da tentação: embora não induzindo imediatamente à transgressão, é uma tentação que ilude e seduz, mas, no

---

[16] Inácio de Loyola, *Exercícios espirituais*, Braga, Livraria Apostolado da Imprensa, 1999, n. 317.

final, trai e entrega somente desilusão e depressão. E rouba
à vida sua beleza.

## 2.3. *Expectativas irrealistas*

Já falamos a respeito das expectativas realistas. As irrealistas, na vida de um fiel esforçado, habitualmente se
concentram em torno de três áreas.

### a) *Pretensão da colheita*

É um clássico: o jovem sacerdote ou anunciador do
Evangelho que se lança ao apostolado, cheio de sonhos e
ideais, e vê-se desiludido e frustrado devido à escassez e
insignificância dos resultados. Talvez seja engano que pertence mais ao passado, mas hoje seria ainda mais enganador, dada a situação atual, tão difícil no plano pastoral e
verdadeiramente avara de satisfações para o anunciador
do Evangelho, o qual, na realidade, é um semeador e deve,
portanto, preocupar-se com semear. Sua missão está toda
na Exortação apostólica *Evangelii Gaudium*, ou seja, nasce
da alegria de ter recebido o Evangelho, boa notícia, e da
alegria consequente de anunciá-lo ("a graça do apostolado",
Rm 1,5).

Não existe alegria maior do que essa, nem outro ponto
de partida e também de chegada, uma vez que o anunciador do Evangelho *já* está gratificado pelo anúncio mesmo,
pela alegria missionária, porque é belo semear, transmitir
aquela boa notícia que é o amor do Eterno por todos, sua
amizade e misericórdia. É tão belo que já é uma razão de
vida, independentemente do resultado, especialmente se

este é compreendido como pretensão, ou é determinado necessariamente pelos números, pelo sucesso, pela multidão... Quem tem excessiva necessidade disso não é livre interiormente (semeia para colher), ou não aprendeu a gozar a beleza já infinitamente gratificante da semeadura! Está fora da realidade de sua vocação, portanto, de sua verdade.

O evangelizador, repitamos o que anteriormente foi mencionado rapidamente, é alguém que semeia *em toda parte e de qualquer maneira, em cada coração e em cada ambiente, em todo tempo e estação, sem seleções e exclusões.* De modo particular, sem preocupar-se com a colheita; ele foi enviado a semear, semear e ainda semear. Por toda a vida. Semeia por toda parte e de todos os modos e em quem quer que seja, e sempre, não porque é um inconsiderado ou um iludido, ou um obsessivo, ou um indiferente, mas porque tem confiança em que a semente espalhada tem sua força intrínseca e dará fruto, mas a seu tempo, de maneira habitual não imediatamente, nem de modo verificável ou previsível por ele próprio. O evangelizador é um semeador, e continua a semear com constância e paciência, sem enervar-se se não colhe. Sabe que não lhe cabe. Assim como sabe que também ele colheu onde outros semearam.

Ao fim da jornada, esse fiel se perguntará se semeou, não se recolheu... E descobrirá que semear já é recolher.

## b) Ilusão da carreira

Outra área sensível às distorções perceptivas e às expectativas irrealistas, onde se consumam diversas crises (com relativo e despudorado desperdício de energia), é aquela relativa às perspectivas de futuro, especialmente em quem não tem uma boa identidade nem suficiente autoestima e transfere para a própria vocação e ministério presbiteral as esperanças de recuperá-la.

Com efeito, vemos sempre mais que quem tem uma baixa autoestima não pode deixar de sonhar com certa carreira em seu amanhã, um ministério ou, seja como for, um futuro rico de sucessos e reconhecimentos diversos, promoções e encargos prestigiosos, uma vida relacional ou comunitária, ou familiar-conjugal gratificante e onde possa estar no centro... E, dado que a experiência e a pesquisa científica nos dizem que a questão da estima parece ser o problema por excelência ou a inconsistência mais frequente no clero, podemos dizer que o sonho da carreira não é, portanto, uma eventualidade assim rara. Talvez o sujeito não o diga explicitamente, porque lhe restou um pouco de modéstia ou talvez porque a coisa é tão natural que foi parar no inconsciente, e, com maior razão, evita mostrar aos demais essas suas pretensões infantis e irrealistas. No entanto, resta o fato de que dentro dele há um criançola que continua a sonhar, talvez a confundir o sonho com a realidade, pretendendo, depois, que o sonho se realize e fazendo birras (ou "crises", na linguagem adulta) quando não se verifica...

De fato, a carreira, inclusive onde o sujeito parece alcançar determinadas metas, jamais resolveu os problemas de estima de ninguém.

Mas é o próprio conceito em si ("carreira presbiteral ou eclesiástica") que representa uma contradição insanável; são dois termos que, por sua natureza, não podem reunir-se.

Esse tipo de sonho, portanto, também persegue uma identidade que está fora da realidade, com um afeto profundamente falso, como Jesus se apressou em fazer seus discípulos compreenderem, eles que sonhavam com lugares de honra em cordial competição entre si. A identidade-realidade do discípulo é a de estar atrás do Mestre, seguindo-o pelo caminho que conduz a Jerusalém. Ao longo de uma estrada que conduz à verdadeira vida.

O resto é ilusão, fantasia, desespero, morte...

# VIII | Discernir e decidir, risco e fatalidade

O ser humano não escolhe de bom grado. Se pudesse, não escolheria jamais. Hoje, de modo particular, escolher não está na moda. As verdadeiras escolhas são poucas, pouquíssimas, especialmente aquelas mais exigentes e comprometedoras; aquelas para sempre, então, correm o risco até mesmo de desaparecer. Está crescendo uma geração de jovens que mostram uma notável idiossincrasia para as decisões, obviamente filhos de um ambiente ou de uma cultura que vão na mesma linha e onde se respira a mesma alergia. Escolher é arriscado, e o ser humano não ama o risco.

Por outro lado, escolher é inevitável: sabe-se lá quantas vezes por dia (nos) decidimos. Porque o escolher, apesar de tudo, é-nos conatural e espontâneo, faz parte de nossa sensibilidade. Experimentar uma sensação ou emoção, sentir afeto ou desejo, sentir atração ou rejeição, tudo isso é já uma escolha, a seu modo, mesmo que não devesse levar a uma ação concreta, porque implica um julgamento ou discernimento pelo menos implícito da mente que "decide" que determinada coisa ou atitude seja boa e justa, ou do coração que "sente" apetecível ou repugnante algo ou alguém: o sentir já é escolha, a seu modo, mesmo que isso não envolva uma responsabilidade imediata. Se decidir é um risco, em resumo, é também uma fatalidade, ou risco inevitável.

Ao mesmo tempo, e para além do inevitável, somente a pessoa que discerne vive de modo autêntico, de fato, é plenamente humana. O que vive de modo autêntico é aquele que se apropria de suas possibilidades mais íntimas[1] e busca escolher o melhor para uma existência plena e humanamente realizada.

Procuremos, então, compreender melhor, se possível, essa relação entre sensibilidade e discernimento, a fim de conseguir ter coragem de correr o risco sem padecer a fatalidade.

Cada componente ou elemento constitutivo da sensibilidade considerado até agora, como vimos, pode determinar uma escolha, de modo explícito ou implícito. E é o que não raro acontece: às vezes basta uma sensação, de raiva ou de ódio, para provocar uma reação agressiva, talvez com efeitos graves e perigosos, pelos quais o autor é considerado responsável. Quantas vezes, em tais casos, diz-se que se tratou de uma reação automática, instintiva ou impulsiva, talvez invocando compreensão (ou redução da pena)! Certamente, temos vontade de perguntar se foi uma verdadeira escolha, ainda mais se foi precedida de um discernimento. Mas isso é suficiente para dizer que não há responsabilidade e que não há nada a fazer com tais reações?

---

[1] Cf. M. Heidegger, *Essere e tempo*, Milão, Mondadori, 2006, p. 69.

DESDE A AURORA EU TE PROCURO

# 1. Da sensibilidade ao discernimento (e vice-versa)

Já indicamos, no primeiro capítulo, a natureza da sensibilidade como orientação impressa no mundo interior do sujeito pela própria vivência e pelas próprias escolhas em âmbitos definidos da vida. E também vimos, nos capítulos subsequentes, como essa orientação se afirma e se torna sempre mais determinante, passando dos sentidos às sensações, das emoções aos sentimentos, aos afetos. É claro que se aquela sensação negativa em relação ao outro é alimentada e promovida pelo indivíduo na mente, nos sentidos e na imaginação desejosa, não será, pois, tão estranho que a sensação negativa se torne agressão verdadeira. E, portanto, é igualmente verdadeiro que aquela agressão não nasce no vazio ou no deserto intrapsíquico do sujeito, assim como nenhuma escolha, consciente ou não, acontece por acaso ou é fruto de um momento isolado de perda do controle, não é filha de ninguém ou carente de raízes.

*A sensibilidade é sempre influente nos processos decisórios*; assim como é verdadeiro o retorno: as escolhas influenciam a sensibilidade. Se essa era uma hipótese de trabalho no início do livro, agora acredito que está suficientemente clara e demonstrada.

## 1.1. Sensibilidade selvagem

Existe, ao contrário, a possiblidade, de maneira alguma remota, de que não haja nenhuma atenção a esse sutil e imperceptível trabalho subterrâneo (inconsciente). No plano tipicamente formativo, isso deixará a sensibilidade da pessoa em uma situação *selvagem*, dominada por estímulos e pressões puramente impulsivas, sem nenhuma orientação ideal que possa, de algum modo, dar uma direção a essa fonte de energia tão preciosa como é a sensibilidade.

Justamente desse tipo de desatenção geral à sensibilidade, jamais educada ou mal-educada, só pode derivar igualmente pouca atenção ao processo decisório, com escolhas que acontecerão, portanto, "no automático": é o mito do homem que age e decide agir segundo o que sente dentro de si, e que frequentemente, desse modo, se ilude em reencontrar a própria liberdade, reivindicando-a com força contra tudo o que se oporia à sua plena expressão.

## 1.2. Sensibilidade déspota

A coisa singular e grave, verdadeiramente, no plano da dignidade da pessoa, é que, desse modo, acontece justamente o contrário de quanto a pessoa pensa: lá onde a sensibilidade é selvagem (ou selvática, de homem primitivo se, com esta expressão, entendemos o homem privado de toda idealidade e escravo de seus instintos elementares, portanto, muitíssimo atual), não pode haver nenhuma liberdade, mas exatamente o que se opõe a ela: a *ditadura da sensibilidade*. O aspecto mais inquietante é que esse déspota não apenas é oculto e desconhecido para o sujeito, mas até mesmo camuflado-travestido de seu contrário; é um déspota enganador, que parece dar ao homem o sumo bem, exatamente sua liberdade, ao passo que, na realidade, dele escarnece, escravizando-o. Esse tipo de sensibilidade, de fato, impõe-se ao homem e aos seus processos intrapsíquicos, desviando-os e, efetivamente, atraindo-os em uma direção definida, aquela rumo à qual está orientada a própria sensibilidade. Com efeito, priva a pessoa daquela expressão refinada da liberdade humana que é a decisão, a capacidade de fazer escolhas e de refletir sobre elas, ou de tomar posição diante da vida. Esse indivíduo não correrá o risco de discernir e escolher, mas se encontrará fatalmente condicionado a agir de certo modo, iludindo-se de tê-lo escolhido.

## 2. Sensibilidade e fases do processo decisório

Na realidade, a relação entre a sensibilidade da pessoa e a capacidade e liberdade de fazer escolhas é bastante sinuosa. Sobretudo se por escolha entendemos não simplesmente um ato imediato, mas um processo que envolve diversas forças.

### 2.1. Início (ou interrupção) do processo de discernimento

A sensibilidade pode dar início ao processo decisório, ou pode, ao contrário, interrompê-lo desde seu nascimento. Vejamos as duas situações com os dinamismos correspondentes.

*a) Inquietude salutar cotidiana ou calma banal*

Com nossos sentidos externos e principalmente internos é que podemos perceber na realidade um estímulo, um ponto de interrogação, uma provocação, uma inquietude...

mas também nada de tudo isso. Alguém pode perceber uma situação de desconforto, de sofrimento, de pedido silencioso de ajuda, de fraqueza e sentir-se interpelado a agir, a fazer alguma coisa, a exprimir proximidade e participação... mas pode também não experimentar nenhuma sensação ou sentimento que vá em tal direção. O primeiro sentir-se-á diante de um discernimento para uma decisão a ser tomada; o segundo não terá nada a decidir, está bem assim, não viu nada, nada ouviu, ninguém lhe pediu ou fê-lo compreender coisa alguma, ou talvez tenha percebido algo, mas não viu; ouviu, mas não escutou... Demais, o primeiro se sente também um pouco agitado e questionado pela realidade e por aquilo em que acredita; o segundo é bastante tranquilo: afinal, não fez nada de errado e nada aconteceu; por que procurar complicar inutilmente sua vida? Este vive, mas, na realidade, sua vida é uma aparência: seu cardiograma ou encefalograma é monótono.

Talvez quem busca e se põe em crise, vive também ou se dispõe a viver uma experiência espiritual, para escutar uma voz que não vem somente do que vê emergir ao redor de si, mas de Deus; ao passo que quem é pacífico, aprendeu a esmagar como um buldôzer o que encontra pelo caminho (estímulos, apelos, provocações, sinais diversos...) e segue reto, imperturbável, não corre nenhum perigo de sentir-se "chamar" por Deus!

Distinção ulterior significativa: para colocar-se em discernimento, há quem deva encontrar-se em uma situação totalmente particular, na qual é esperada explicitamente uma tomada de posição ou uma decisão à qual não pode absolutamente se subtrair, enquanto há quem esteja sempre em discernimento, porque em toda circunstância da vida sente-se diante de uma possibilidade de crescimento, de uma ocasião a não ser desperdiçada, ou percebe-se chamado pela vida, pelos outros, por seus ideais, por Deus, ou seja, amadureceu em si uma sensibilidade que lhe consente reconhecer inclusive na brisa suave o mistério que interpela e inquieta...

É bastante evidente, portanto: a sensibilidade pode funcionar como condição interior preciosa e até mesmo indispensável para que tenha início um processo de discernimento, mas pode tornar-se também uma espécie de tampa que tudo bloqueia, que torna a pessoa impermeável, inatacável, imperturbável... *insensível*.

## b) Paixão e acídia

Segunda observação importante: se parte de um processo de discernimento, a vida enriquece-se de novas perspectivas, o indivíduo encontra-se diante de outras possibilidades, abrem-se novos cenários, como janelas que são escancaradas para um mundo inédito, para uma decisão a ser tomada. Com a consequência de colocar em movimento todo o mundo interior do sujeito: ideais, desejos, expectativas, paixão, desejo de conseguir, mas também medos, temores de não conseguir, demônios, fantasmas... Seja qual for o fim, aquele que começa um processo de discernimento imprime um grande dinamismo ao próprio viver, reúne os próprios recursos, sente-se confrontado por uma realidade diversa, conhece-se melhor (no positivo e no negativo), vive mais, poderíamos dizer, mais intensamente, arrisca mais diante das alturas que o atraem, mas também diante das sereias do mal que percebe ainda mais lucidamente[2]...

É diferente de quem não se sente vinculado a nenhum discernimento, de quem não acha ser necessário nenhum trabalho consigo mesmo e com seu mundo interior, que segue o que já foi dito e visto, o que já presume saber sobre si e sobre a vida. Este vive em um nível mínimo de tensão, dirige (se é que se pode dizer assim) sua vida no piloto automático, com o mínimo de esforço e, habitualmente, com o mínimo rendimento, uma vez que o repetir-se produz tédio e apatia e mata o entusiasmo e a criatividade. E se é verdade que a vida fala se houver um coração que escute, sua existência também "fala" e dirige-lhe muitos apelos, mas não há um coração que escuta.

No primeiro caso, a liberdade é, portanto, a de uma vida intensa e inédita e de um conhecimento maior de si; no segundo caso, a liberdade é somente a de não se deixar agitar-perturbar por nada e por ninguém, a fim de simplesmente permanecer o que se é. Livre é o profeta que lê os sinais dos tempos e abre caminhos novos; inerte e inconcludente é o analfabeto incapaz de qualquer leitura, fechado em seu pequeno mundo.

Esse é o motivo pelo qual a vida ou é formação permanente ou frustração permanente!

---

[2] As grandes aspirações são normalmente acompanhadas de grandes tentações. Entre outras coisas, é o que nos narra a história de muitos santos.

## 2.2. *Qualidade do processo: critérios para discernir*

A sensibilidade pode, inclusive, condicionar o processo de discernimento, ou o discernimento em processo. Não é evidente, de fato, que o deixar-se interrogar pela realidade encontre, a seguir, o indivíduo livre para responder corretamente.

A partir do que vimos, parece óbvio que toda aquela bagagem de sensações e sentimentos com os quais a pessoa aprendeu a reagir diante da realidade agora será reativada pela situação existencial que está vivendo, com consequências inevitáveis para a escolha que deve fazer. Encontrar-se diante do sofrimento, da injustiça, da prevaricação, ou diante da possibilidade de dar à própria vida um impulso vocacional ou uma direção focada, não necessariamente e não apenas nas grandes circunstâncias; ou encontrar-se simplesmente perante o outro, com toda a sua alteridade e seu mistério, ou com sua fraqueza e pedido implícito de ajuda; ou ainda apenas diante de si mesmo e da tarefa de dar o melhor de si; ou diante de Deus e da proposta sempre excessiva de seu amor, pois bem, tudo isso não pode deixar de evocar a responsabilidade do sujeito e a necessidade de chegar a uma tomada de decisão que poderá ser freada ou inibida, ou desviada, ou enfrentada corajosamente; poderá suscitar medo ou uma consciência melhor de si e das próprias possibilidades. E isso, novamente, a partir da qualidade do caminho de formação da própria sensibilidade.

Já indicamos, aqui e ali, critérios de educação da sensibilidade que agora se tornariam critérios até mesmo de bom discernimento. E já é interessante essa equivalência de critérios, como ulterior prova da validade da nossa tese: somente uma sensibilidade madura, ou convertida-evangelizada, pode permitir discernimentos igualmente corretos e verdadeiros.

Vejamos, agora, alguns desses critérios, considerando também aquilo a que se opõem ou que lhes é alternativo.

### a) Inspirado no eu ideal mais do que na norma moral

A primeira qualidade de um discernimento é o ponto de referência. Não se pode discernir se não se tem um termo de confronto, e o termo de confronto, no plano psicológico, não pode ser senão *a identidade da pessoa*, portanto, seus valores, e estes não entendidos em sentido abstrato, mas – para o crente – como o projeto que o Criador tem sobre a criatura, e que esta última quer realizar de todo o coração. Qualquer discernimento encontra aqui o ponto fundamental de confronto, naquilo que a pessoa é e é chamada a ser, que é critério até mesmo mais incisivo e decisivo do que o próprio critério moral. O critério da identidade, de fato, responde a uma exigência fundamental do discernimento: reconhecer e escolher o que é verdadeiro, bom e belo *para mim, agora*, mais ainda do que é justo e imperioso *para todos, sempre.*

Isso supõe, portanto, uma sensibilidade educada em tal direção, como já dissemos antes, educada a amar a identidade que a pessoa escolheu, para depois ser capaz de escolher a cada momento o que ama; a sentir sempre mais sua atração, a reconhecê-la como o critério fundamental das próprias ações e, portanto, também lhe colher sempre mais as exigências em relação ao coração humano. Muito mais do que o que diz e prescreve um código de comportamento ético que, no final das contas, corre o risco de permanecer exterior ao indivíduo e, portanto, inclusive muito além de uma consequente observância somente legalista e fria.[3]

Mais concretamente: tratar-se-á, então, de desenvolver uma sensibilidade moral (= uma consciência) que não se limita unicamente ao critério moral ("essa ação é pecado ou não? É pecado grave ou apenas venial?"), porque seria... demasiado pouco, e porque, às vezes, *o que é moralmente lícito (ou que não é moralmente ilícito) não é psicologicamente conveniente*: por exemplo, se um gesto de afeto é totalmente lícito, talvez não seja conveniente, para mim, virgem, abraçar uma pessoa por quem estou apaixonado ou que está colocando-me no centro da sua vida, ou pela qual sinto certa atração genital-sexual.[4] Curiosamente, em certos casos, a psicologia é mais severa do que a moral! Justamente porque assume como critério a identidade da pessoa, que é critério muito vinculante e pertinente, pessoal e capaz de distinguir onde está *meu* verdadeiro bem.

---

[3]  Seria a teoria do extrinsecismo moral.

[4]  E se, por acaso, não estivesse claro esse critério da própria identidade, alguém poderia perguntar-se se está disposto a fazer em público aquele gesto (aquele determinado abraço, nesse caso), visto que o que está em sintonia com a própria identidade (que é, por si mesma, um fenômeno visível) normalmente não é um problema, se for feito em público. Se, ao contrário, envergonho-me de fazê-lo em público e prefiro não ser visto, é provável que eu não sinta que aquele gesto está em sintonia com o que sou e com o que sou chamado a ser.

## b) Heterorreferencial, não autorreferencial

Outra boa norma de um discernimento sadio, e, particularmente, daqueles em que está em jogo a dimensão relacional-social e, portanto, outra pessoa, é o *desejo sincero de ser útil ao outro*, a ponto de pagar certo preço ou de renunciar a algo que me pertence. É a sensibilidade do bom samaritano, comentada amplamente nas páginas precedentes.

A heterorreferencialidade, de resto, oposta à autorreferencialidade (e a todas as formas de autoerotismo, não somente o genital-sexual), é um dos critérios fundamentais de sanidade psicológica e maturidade espiritual, como expressão, por sua vez, não de uma vaga benevolência, mas – de novo – de uma sensibilidade livre da intromissão do eu, da pretensão infantil do *puer aeternus* [eterna criança] de colocar-se sempre no centro da atenção e, conseguintemente, livre para acolher incondicionalmente o outro e dar-lhe a precedência, a ponto de assumir a responsabilidade por ele.

Uma sensibilidade educada para a atenção prioritária ao outro é garantia de um discernimento autenticamente cristão.

## c) Gesto adulto, não infantil

Uma pessoa que discerne se esforça por buscar a verdade com *a própria* cabeça, sem contentar-se em ir em busca de ordens e confundir a obediência com a cômoda não assunção de responsabilidades; é uma pessoa que constrói as próprias escolhas, é seu artífice responsável, correndo todos os riscos envolvidos. Se, ademais, é um fiel, é uma

DESDE A AURORA EU TE PROCURO

pessoa que aceita correr o risco mais ousado da vida: *buscar a vontade de Deus*, sem pretender escolher ou agir somente quando é possível obter total certeza, nem delegando a outros uma busca que pode e deve ser fundamentalmente sua.[5] "O discernimento é justamente aquele exercício hermenêutico que pertence somente à pessoa."[6]

Por isso, só pode discernir quem é adulto na fé, uma vez que "somente uma fé adulta e madura nos dá o critério para discernir entre verdadeiro e falso, entre engano e verdade".[7] E o discernimento é bem conduzido quando o indivíduo o levou adiante naquela solidão que exalta seu relacionamento com Deus e abre-o à intimidade com ele, e na qual unicamente pode ressoar como eco a palavra do Eterno.[8]

---

[5] Seria um tipo de "abuso de autoridade de baixo", da parte de quem não quer correr riscos e prefere que outros decidam em seu lugar (talvez confundido essa atitude infantil com a obediência).

[6] G. Piccolo, Chi è la persona che discerne?, *Credere oggi*, 37(5/2017), p. 7.

[7] J. Ratzinger, *Homilia na missa* pro eligendo *Romano pontífice*, 18/04/2005.

[8] A esse respeito, parece-me muito pertinente a análise daquele mestre da vida espiritual que foi Maioli: "A decisão e, portanto, o discernimento pessoal, concretamente, devem ser da pessoa, do sujeito que se deixa 'dirigir': em função disso, o discernimento exercitado pelo diretor espiritual se concebe como ordenado não a substituir ou a impor-se autoritariamente, mas a 'conduzir', a apoiar o discernimento do sujeito. Em suma, de fato, trata-se de personalizar concretamente a obediência da fé: e nisso ninguém pode fazer-se substituir, e ninguém pode substituir-se àquele que deve prestar obediência. A ajuda para criar em si motivações autenticamente espirituais... é ajuda a ver que 'é bom para mim decidir assim' e, portanto, até mesmo é 'imperioso para mim'. 'Mas sou eu que devo conseguir ver tudo isso; e sou eu que, tendo visto e disso estando persuadido interiormente,

Justamente por isso é importante passar da fé como ato estático, emitido de uma vez por todas, para a fé como ato dinâmico, ou da verdade acreditada à sensibilidade crente de quem aprendeu progressivamente a buscar constantemente o que é bom e agradável a Deus, ou àquela sensibilidade espiritual que educa o coração para ter os desejos divinos ou à maneira de Deus, aprendendo a descobrir onde ele se vela e se desvela, em cada momento e em toda circunstância, em qualquer relação ou situação existencial, nos momentos bons e nos momentos maus...

*d) Atento às motivações, não somente aos gestos*

Um fruto do discernimento é também aprender a olhar quanto acontece na penumbra de nosso mundo interior, a não deixá-lo inexplorado ou descuidado, contentando-se com a conduta exterior aparentemente correta. Há sempre o risco de uma deriva silenciosa, de um duplo nível existencial: um *externo*, onde tudo vai bastante bem, outro *interno*, onde não se sabe bem o que acontece e onde, de fato, nos concedemos certa ambiguidade. Discernir significa esclarecer esse nível, interrogar-se não somente a respeito da correção exterior, mas ainda mais sobre as motivações que impelem a agir, não se contentar com ver *o que* fiz, mas indagar a respeito de *como* o fiz, com quais sentimentos e, principalmente, conseguir compreender *por que* ou *para quem* me comportei assim.

---

decido de fato" (G. Moioli, Discernimento spirituale e direzione spirituale, in: L. Serenthà; G. Moioli; R. Corti, *La direzione spirituale oggi*, Milão, Ancora, 1982, p. 66-67).

É original a intuição de Arvalli, que vê no profeta Elias o ícone bíblico desse tipo de discernimento (cf. 1Rs 19,8-9).

Elias *sobe* o Monte Carmelo, renuncia a instalar-se na planície dos estilos de vida habituais e, às vezes, negligentes e medíocres, para tentar alcançar o alto. Mas, em seguida, tem igualmente a coragem de *descer à caverna*, nos recessos do coração. É preciso subir (ao monte) para descer (à gruta). "A gruta de Elias, como o poço da samaritana (cf. Jo 4,6-7) evocam as profundidades psíquicas, a *sombra*, aquela dimensão subconsciente de que não temos plena consciência, mas que deve ser escavada em profundidade."[9]

*e) "A tração integral", não parcial*

É livre quem decide agir porque acredita no que faz, ama-o e sente-o atraente; não o faz porque outros (talvez inclusive superiores legítimos) lho pedem. Para que isso aconteça, aquele gesto deve ser ato humano integral, fruto de uma operação conjunta de *todo* o humano, mente-coração-vontade, ou de *toda* a sensibilidade; da *mente* que busca a verdade e não no abstrato, mas no que a pessoa está fazendo, nas coisas pequenas de sua vida, e se pergunta qual seja a coisa mais verdadeira ou justa a ser feita naquele momento preciso; do *coração* que aprende a contemplar e a degustar a beleza da verdade e a sentir sua atração, uma vez que naquela verdade está oculta também sua verdade, aquilo que o sujeito é chamado a ser; da *vontade*, enfim, que traduz aquele fragmento de verdade e de beleza em gesto ou ação, na

---

[9] A. Arvalli, Discernimento spirituale e sistema motivazionale. Il contributo della psicologia, *Credere oggi*, 37(5/2017), p. 81.

escolha ou na renúncia que torna boa a vida e consente de apreciar-degustar aquela verdade e aquela beleza. Cada uma das três faculdades está ligada à outra, sustenta e ilumina sua ação; e todas três contribuem para formar uma sensibilidade sempre mais capaz de deixar-se atrair pelo que é verdadeiro e justo, belo e bom, e de escolhê-lo concretamente.

O discernimento, nesse sentido, é um fenômeno de atração da sensibilidade, que em seguida aumenta na medida em que a pessoa confirma, com a escolha e a ação, quanto a mente descobriu como justo e o coração sentiu como fascinante. Para discernir bem, não basta – como frequentemente se diz – escolher agir conforme a verdade, se esta verdade não é também amada, mas somente obedecida (impondo-se grandes esforços), nem somente de modo conforme àquela beleza que seduz o coração (talvez em um momento de agitação particular, inclusive espiritual ou de grupo, desaparecendo depois), nem tampouco unicamente porque o dever se impõe à vontade (e queremos evitar sentimento de culpa): decairíamos naqueles unilateralismos que causaram tanto dano nos nossos programas formativos do passado (intelectualismo, sentimentalismo, voluntarismo etc.).

Em vez disso, é preciso um dinamismo *com tração integral, não parcial*, que consiga envolver o mundo interior do sujeito em todos os seus componentes. Graças a essa sinergia de dinamismos, o discernimento é livre, o indivíduo não tem necessidade de dica, nem espera consensos externos, e o que faz é eficaz, não apenas eficiente, porque querido por ele de todo o coração, com toda a mente, com todas as forças. Com toda a sensibilidade.

DESDE A AURORA EU TE PROCURO

*f) Discernimento cristão, não apenas humano*

Quem escolhe, como crente, deve, em todo caso, ser educado a superar a lógica da escolha *meramente humana*, a qual, de fato, detém-se logo no processo decisório porque tem muitas pretensões. Por exemplo, deve ser segura, sem risco algum de enganar-se; *a um custo mínimo*, sem nada perder, sem renúncia alguma; *definida e clara*, bem precisa em todas as suas fases e objetivos, e livre de imprevistos; *sob medida* para o sujeito e *calculada* rigorosamente com base em suas capacidades (para que não se exponha a malogros); e, ainda, deve ser uma escolha *passível de revisão e reversível*, com várias saídas de segurança e planos alternativos, e nunca para sempre; *em benefício próprio*, ou calculada tendo em vista os próprios interesses; e, por fim, possivelmente confortada pelo assentimento dos outros (ou seja, alguém faz o que todos fazem, seguindo – muito pouco heroicamente – o fluxo). Nessas condições, não é tão estranho que as escolhas autênticas não sejam muitas (especialmente as mais envolventes, como as vocacionais). E eis por que vivemos em uma cultura a-decisória, que não educa a escolher. Essa é a razão pela qual o homem de hoje, se pudesse, jamais escolheria.

A decisão *cristã*, ao contrário, é *arriscada*; quem obedece na fé, dissemos, corre o risco mais alto: descobrir o mistério da vontade de Deus a seu respeito. Por isso, discerne somente o fiel que é *adulto* na fé e não pretende a segurança humana absoluta;[10] é escolha *de custo máximo,*

---

[10] Discerne-se não para evitar toda dúvida e colocar-se ao abrigo de todo risco de erro, mas, quando muito, para evitar que a dúvida

uma vez que é resposta ao amor, que tende ao dom total de si, ao máximo daquilo que alguém pode dar; é precisa, mas *jamais totalmente clara*, porque é livre da pretensão de prever tudo e de eliminar todo imprevisto;[11] é motivada pela *confiança em Outro*, não pelo cálculo dos próprios talentos (nem é reprimida pelo medo do insucesso pessoal), e pensada *segundo o plano de Deus* (que, habitualmente, ultrapassa os talentos do vocacionado); portanto, é escolha *corajosa e para sempre*, de quem não se sente sozinho e, no entanto, escolhe em plena autonomia; não está jamais em função exclusiva de si, tampouco dos próprios interesses espirituais, mas prevê sempre *o bem do outro* e sua salvação; amiúde é escolha *contra a corrente*, e não compreendida exteriormente.[12]

É a beleza do discernimento cristão, fruto maduro do amor, mas que é igualmente o que o faz crescer.

### 2.3. Depois do processo: o gosto posterior

Por fim, podemos compreender a ação da sensibilidade inclusive *a posteriori*, com o processo de discernimento que a determinou. Com efeito, é sempre a sensibilidade que nos faz sentir quanto fizemos, dissemos, agimos, deixamos de fazer ou de dizer, realizado ou manifestado de certo modo

---

bloqueie as próprias escolhas, especialmente quando a escolha é bastante difícil, e não é apoiada pela cultura circundante e provoca dissensos no próprio mundo relacional, e talvez solidão.

[11] Para informações a esse respeito, perguntar a Abraão ou a Maria...

[12] Para aprofundamento dessa distinção, cf. A. Cencini, *Mi fido... dunque decido. Educare alla fiducia nelle scelte vocazionali*, Milão, Paoline, 2009, p. 81-93.

DESDE A AURORA EU TE PROCURO

como algo de belo, verdadeiro e bom, ou não, como a coisa melhor e mais oportuna naquele momento ou não. Para sermos mais exatos, podemos ver a reação da sensibilidade em duas direções.

## a) Reforço

A sensibilidade é *reforçada* pela escolha feita e pela ação realizada, como já enfatizamos, e, ao mesmo tempo, *reforça* seu ponto de referência (= a identidade do sujeito). Se, portanto, realizo um discernimento que vai na direção daquilo a que sou chamado a ser e o traduzo em escolhas e ações concretas, naquele momento confirmo não somente minha identidade, mas também aquele determinado modo de julgar baseado nela, de perceber a atração de sua beleza, de sentir-me feliz de... pertencer-lhe. Ou seja, oriento ainda mais sentidos e sensações, emoções e sentimentos, gostos e critérios eletivos naquela mesma direção, e ela (minha identidade) torna-se-me sempre mais familiar e autorizada para mim, mais "verdadeira" e bela... É, no fundo, ainda outra vez, a *consolação* de que fala Inácio.

O mesmo princípio funciona se acontece o oposto. Se eu faço uma escolha contrária à minha identidade, por exemplo, realizo um gesto que vai no sentido autorreferencial, reforça-se em mim essa mesma tendência, que tentará impor-se na próxima ocasião, e me sentirei ainda mais atraído por ela, conferindo à minha vida uma orientação que me distancia paulatinamente dos outros, faz-me senti-los como um peso e fecha-me sempre mais em mim mesmo. Teoricamente, poderei ainda perceber certo desconforto, no plano ético-moral, confrontando esse modo de agir com meus ideais. Mas esse mesmo desconforto, como vago sentimento de culpa que seria providencial, está destinado a desaparecer se continuo com aquele tipo de escolhas; com outras palavras, também o julgamento da mente e o sentir da consciência estarão sempre mais condicionados por tal hábito, justificando sempre mais decisão e ação, e, talvez, permitindo-me uma autorreferencialidade (= egoísmo) sempre mais ampla e... tranquila, com o risco de desnortear minha própria identidade. Se não ajo com base em meus valores, não somente justificarei sempre mais o que faço, mas, a certa altura, mudarão até mesmo meus valores.

*b) Remorso*

Assim é que a sensibilidade se torna insensibilidade, ou se reforça, em tal caso, uma insensibilidade relacional que consegue, pouco a pouco, eliminar os sentimentos de culpa e não deixa sequer experimentá-los, e que determina, na pessoa que vive com tal estilo, um declínio em sua humanidade. Alguém que não sabe reconhecer os próprios erros e sofrer por causa deles, de fato, é menos pessoa humana. Aliás, se isso é verdadeiro, o que é grave – ainda mais grave do que o gesto errado ou desatento em relação ao outro – é a falta ou a diminuição da vergonha, a ausência de todo remorso ou sentimento de culpa (e ainda mais da consciência de pecado), e, como consequência, o não sentir a necessidade de pedir perdão, ou até mesmo o justificar o que fez...

Se pensarmos nos escândalos sexuais perpetrados por homens de Igreja, este é justamente o aspecto mais desconcertante, já sublinhado: o fato de que a maioria dos "reverendos" abusadores não tenha jamais pedido perdão a ninguém.[13] Indicando uma omissão correspondente no âmbito de uma Igreja que talvez ainda não tenha celebrado plenamente o luto por esses delitos horríveis, não o elaboramos.[14] A essa altura, o problema não seria somente daqueles que os cometeram, mas um pouco de todos nós que não sentimos e continuamos a não sentir suficiente vergonha deles.

Esse é o motivo por que o Papa Francisco volta frequentemente àquele aspecto de nossa sensibilidade que é o sentimento da vergonha.

---

[13] Algo particularmente grave quando se reflete que, quando o abusador é um padre, a vítima padece um trauma a mais, além do psicológico, um trauma espiritual, ligado à imagem de Deus completamente evertida pelo gesto violento de quem deveria ter testemunhado o rosto bom e amoroso de Deus. Por isso, a vítima tem necessidade de que o padre abusador lhe peça perdão, justamente para tentar reconstruir essa imagem gravemente deformada por ele.

[14] Elabora-se o luto não somente quando se chora, mas quando, além de reconhecer que o objeto já não existe (em nosso caso, certa imagem ideal de padre), aquele mesmo objeto atravessa algo como um processo de transformação, graças ao qual é recuperado em sua integridade, e eventualmente purificado, na consciência do indivíduo, do grupo e da instituição. Por conseguinte, algo se perdeu para sempre (por exemplo, certa pretensão de perfeição e de superioridade), mas nasceu algo novo, mais verdadeiro e autêntico. Com inevitável recaída positiva na credibilidade daquela imagem e em sua capacidade de testemunho, cf. A. Manenti; E. Parolari, Disagio dei preti e coscienza ecclesiale: è ora di voltare pagina, *Tredimensioni*, 13(2016), p. 54-66; cf. também Esigenze di ruolo e crescita personale, *Tredimensioni*, 3(2005), p. 232-233.

"O drama está em quando não se sente vergonha por coisa alguma. Não devemos ter medo de sentir vergonha... Quando nos sentimos envergonhados, devemos ser agradecidos: quer dizer que não aceitamos o mal. A vergonha é um convite secreto da alma que precisa do Senhor para vencer o mal. E assim passemos da vergonha ao perdão."[15] A perda ou a corrupção da sensibilidade é demonstrada pela "vergonha por ter perdido a vergonha".[16]

Ao contrário, uma sensibilidade bem formada não é sinônimo de perfeição moralista ou de rigorosa observância comportamental, mas, quando muito, exprime a liberdade de quem sabe reconhecer o próprio mal e tem a coragem de admitir o próprio erro, percebe sua gravidade diante de Deus, do outro e do próprio projeto ideal, experimenta a *desolação*, sente dentro de si um travo doloroso, como uma voz que o repreende: o *remorso*. Com efeito, há grande dignidade em quem se deixa "morder" pela consciência de ter errado, ou possui tal liberdade que sabe chorar a própria culpa.

Nesse sentido, então, podemos dizer que a sensibilidade influencia também a fase subsequente à escolha, ou aquele pós-discernimento em que o sujeito sente a consolação ou a desolação pelo que fez.

Por isso, são importantes todas aquelas operações de reflexão e de análise crítica, de revisão ou de exame de

---

[15] Papa Francisco, *Mensagem durante a Missa da Divina Misericórdia*, Roma, 8 de abril de 2018.

[16] Papa Francisco, final da via-sacra no Coliseu, Sexta-Feira Santa de 2018 (30 de março de 2018).

consciência, que deveria ser compreendido inclusive como exame *de* consciência, a fim de verificar como a própria consciência, ou a própria sensibilidade, está aprendendo a mover-se, a sentir, a julgar, o que a atrai e seduz, quanto é capaz de reconhecer os próprios erros e arrepender-se...

Seria a melhor maneira para aprender a discernir: correr o risco de tomar pela mão a própria vida e não lhe padecer a fatalidade.

# IX | ADULTO NA FÉ. DISCERNIMENTO E ESCOLHA CRENTE

Devemos ser muito reconhecidos ao Papa Francisco por ter reproposto a toda a Igreja o discernimento como tarefa e graça, até fazer dele uma chave de leitura ou um objetivo da reforma que ele pretende realizar na comunidade dos fiéis. Provimos – sabemo-lo bem – de caminhos formativos que não nos educaram nesse sentido, reduzindo o discernimento a, no máximo, um instrumento de investigação em situação de emergência, com a consequência de que privilegiamos uma concepção passiva e confortável do crer, menos arrojada e bastante repetitiva, pouco utilizável no contexto cultural moderno, no qual a fé será sempre mais escolha livre, convicção e não convenção, e, justamente por isso, presumivelmente, será mais fenômeno de minoria do que de massa. Do discernimento, na realidade, deriva uma imagem nova, seja do crente que busca, seja daquele que é o objeto da busca.

## 1. O buscador

Aqui estão algumas características daquele que discerne, particularmente do ponto de vista de seu mundo interior, o de sua sensibilidade.

## 1.1. *Peregrino com o senso do mistério*

Aquele que discerne é, antes de mais nada, um peregrino: um peregrino que não sabe e busca a direção da vida, como todo ser humano. Mas tem o senso do mistério, oculto em cada coisa. Não é ele quem impõe o próprio esquema à realidade, mas – ao contrário – é esta última, como um livro aberto, que ele quer aprender a ler e a decifrar. Nesse sentido, é um místico, visto que é atraído por algo que o supera e que ele não pode dominar: atraído pelo mistério como luz, plenitude de luz, luz excessiva, tão intensa que ele não pode fixá-la com os próprios olhos de carne, e a que apenas se pode acostumar o olhar, mas com a certeza de que o mistério se desvelará pouco a pouco. Uma vez que o mistério é bom, é amigo, é caloroso, faz questão de mostrar-se, de deixar-se tocar, sentir, antecipa-se a nós e surpreende-nos. Não é como o enigma, seu contrário, obscuro e tenebroso, frio e metálico, sem sentidos e insensível, que incute medo e é inacessível, torna tudo imperscrutável e inútil todo discernimento.

O discernimento é precisamente a *escola do mistério*, é o caminho de quem aprende a ficar diante dele para deixar-se iluminar e envolver por aquele excesso de luz, de "luz gentil".[1] É peregrino pelos caminhos da vida, animado pela necessidade-desejo de conhecer o mistério, mas, principalmente, pela certeza de que o próprio mistério deseja revelar-se.

---

[1] Não é possível deixar de pensar na invocação poética de Newman: "Conduze-me tu, luz gentil...".

Tudo somado, então, para quem discerne, Deus é Mistério de luz fascinante, que ilumina a vida e cada um de seus mistérios. Para quem não discerne, ao contrário, Deus (deus) é enigma, mudo e tenebroso, ídolo sem vida e inatingível.

## 1.2. Vir ob-audiens [homem obediente]

Quem discerne embarca em uma aventura de maneira nenhuma simples, e que exige toda a sua atenção vigilante. Para discernir, é preciso ter ouvido refinadíssimo e olhar profundo, sentidos muito ativos e curiosos, baixo limiar de percepção, atenção ao detalhe, e coração capaz de compreender inclusive o que não se vê... Por isso tal fiel leva uma mão em forma de concha ao ouvido, ou seja, faz um gesto que exprime, ao mesmo tempo, o interesse intenso que o anima a buscar e, por outro lado, a dificuldade de uma operação complexa; de um lado, sabe que Deus é aquele que fala sem voz ou se revela no fragmento, no que é pequeno, no inédito, no que não pareceria lugar típico de sua morada; em contrapartida, sabe que Deus é o Presente e que não existe espaço ou instante sem ele. Então, antes de mais nada, pede a Deus o dom de um "coração dócil" (literalmente, "coração escutador"), "que saiba discernir o bem do mal" (1Rs 3,9), e dispõe-se a buscar Deus em toda parte e de todos os modos, desenvolvendo em si uma sensibilidade espiritual atenta "ao murmúrio de uma leve brisa" (1Rs 19,12), capaz de sentir aquele "sono profundo para além do rumor da vida normal".[2]

---

[2] G. Pasquale, *Sensus fidei*, luogo privilegiato del discernimento, *Credere oggi*, 37(5/2017), p. 63.

Amedeo Cencini

O fiel é *ob-audiens*, aquele que não obedece somente a uma categoria de pessoas chamadas superiores e em alguns momentos oficiais, mas que aprendeu a obedecer (a *ob-audire*) à vida, aos sinais dos tempos, aos pobres, a quem sofre, aos irmãos,[3] às dificuldades, aos próprios limites, ao próprio corpo enfermo, à morte, quando vier... Porque Deus está em cada uma dessas situações, e tem algo a dizer-me através de cada uma delas. *É a obediência da e na fé*: quem vive constantemente com uma mão levada à orelha para "escutar" Deus na vida, cresce verdadeiramente na sensibilidade crente.

## 1.3. *Questão de amor*

O título do subparágrafo talvez soe um pouco enjoativo e romântico. Na realidade, em uma reflexão como a nossa sobre a sensibilidade de quem discerne é fundamental esclarecer que não estamos falando de tecnicismos e de estratégias várias, a serem aprendidos e aplicados friamente, mas de uma questão de amor, precisamente. Discernimento é "o passo adiante que posso dar no amor",[4] é o amante que busca o amado.

---

[3] É a famosa "obediência fraterna" que Bento recomendava aos próprios monges: "Não só ao abade deve ser tributado por todos o bem da obediência, mas obedeçam também os irmãos uns aos outros, sabendo que por esse caminho da obediência irão a Deus" (São Bento, *Regra monástica*, 71, 1-2).

[4] A frase completa do Papa é assim: "E, no momento específico, em cada cruzamento devo discernir um bem concreto, o passo em frente no amor que posso praticar e, também, o modo como o Senhor deseja que o faça" (Papa Francisco, *Discurso do Papa Francisco no Encontro com o Clero de Roma*, 2 de março de 2017).

Não tem sentido nenhum discernir se a busca não é e não nasce de uma relação e do desejo de responder ao amor ou à consciência de já ter sido buscado, como especificaremos melhor posteriormente. E a referência espontânea e luminosa vai para o Cântico dos Cânticos, como metáfora do sentido e da raiz do discernimento. E se é questão de amor, quem discerne é inclusive o adulto na fé que procura com o próprio coração e não se contenta em evitar o ilícito, mas quer descobrir o que é bom e agradável ao Amado e o que o próprio Deus espera justamente dele, e não simplesmente o que convém ao grupo, nem em uma eventual amanhã, mas neste exato momento.

Mas é adulto na fé antes de mais nada porque corre o risco de decidir em cada coisa o que é justo fazer, assumindo toda responsabilidade, sem esperar sempre ordens do alto, com estilo infantil, nem confiando simplesmente no próprio impulso, com atitude de adolescente, nem tampouco pretendendo de Deus a total certeza (que jamais haverá). Tal adulto na fé cresce principalmente na maturidade crente, porque, através do exercício constante do discernir, adquire sempre mais uma consciência sensível ao que é belo e bom, verdadeiro e justo: uma consciência na qual ressoa o eco da voz do Eterno Amante. Por isso, "a relação com Deus é tanto mais verdadeira quanto mais for caracterizada pelo discernimento".[5]

---

[5] G. Piccolo, Chi è la persona che discerne?, *Credere oggi*, 37(5/2017), p. 18.

## 1.4. *Por conaturalidade (ou por instinto convertido)*

Prosseguindo nessa linha, a da qualidade da relação entre que discerne e aquele que é objeto e ponto de referência do próprio discernimento, acrescentamos um elemento muitíssimo importante. Se o discernimento é "a prática espiritual que interpreta e tenta compreender o que Deus procura dizer",[6] tal prática supõe um relacionamento tão intenso e íntimo a ponto de consentir ao ser humano tomar parte nos sentimentos e nas atitudes de Deus como se se tratasse dos próprios e, portanto, *por conaturalidade*. Obviamente esse "sentir" à maneira de Deus acontece somente no fim de um caminho de conversão dos próprios velhos modos de sentir, como um *instinto convertido*.

Agora esse instinto permite aquela forma de conhecimento original e profunda que está na base do discernimento, ou aquela conaturalidade particular que nasce da amizade: "Na medida, por exemplo, em que dois amigos estão unidos, o primeiro é capaz de julgar de forma espontânea o que convém ao outro, porque ele compartilha as mesmas inclinações do outro e compreende por conaturalidade o que é bom ou ruim para ele. Em outras palavras, possui um conhecimento de uma ordem diferente do conhecimento objetivo, do qual procede por meio de conceituação e de raciocínio. É um conhecimento por empatia, ou um conhecimento do coração".[7] Uma vez mais, para além da lógica da lei e do esforço, mas em um clima de liberdade, a liberdade típica do cristão.

---

[6]  Pasquale, *Sensus fidei*, 63.

[7]  Comissão Teológica Internacional, *O sensus fidei* na vida da Igreja, 50.

Em tal clima, o fiel pode realmente chegar a dizer, sem medo de ser mal interpretado, que está fazendo "o que lhe agrada" ou "o que está disposto a fazer", mas a partir de uma sensibilidade convertida, ou de uma evangelização do próprio modo de sentir e dos próprios gostos. Precisamente por isso o discernimento é um método antigo, já recomendado pelos padres e pelos maiores místicos da tradição cristã como via de conversão e de santidade.

## 1.5. Estilo habitual de viver (e de crer)

Talvez esse seja o ponto mais relevante a ser sublinhado no plano pedagógico. O discernimento vem de longe, implica um caminho formativo meticuloso e atento ao próprio mundo interior, como o consideramos nos capítulos precedentes. Discernir só tem sentido se torna-se sempre mais a maneira usual de viver e de crer, um *habitus*; ao passo que é operação improvável se improvisado; nem pode ser o que se faz apenas em situações críticas ou em determinadas circunstâncias, como as etapas importantes da vida ou as escolhas de importância especial, no âmbito individual, ou quando se trata de reunir opiniões diferentes e potencialmente divisíveis, no âmbito grupal.

É preciso discernir sempre, porque, em cada momento da vida, Deus tem algo a dizer-me e a dar-me, a pedir-me e a repreender-me, de modo frequentemente inédito e inesperado. Ou a pessoa busca a Deus a cada instante, idealmente, ou não poderá pretender pôr em prática, de quando em vez, um método de busca que a defenda de toda dúvida, especialmente em situações ambíguas ou particularmente decisivas.

Se, antes, dissemos que o discernimento é a obediência na e da fé, agora indicamos distintamente que o discernimento *é o modo pelo qual o fiel normal cresce na fé*. É um jeito que resiste à tentação de delegar a outros a responsabilidade de decisões que somente ele pode tomar, ou de contentar-se com uma norma fixada de uma vez por todas e para todos (que leva amiúde à mediocridade), ou de adiar ao infinito as escolhas (inclusive a... de tornar-se crente). E, por outro lado, "permite conhecer o que vem de Deus (1Cor 2,9-10.12), enquanto concede 'corporeidade' à fé, tornando-a ativa e operosa por meio da caridade (Gl 5,6)".[8]

## 2. Buscar a Deus

Já esclarecemos o equívoco clássico: no discernimento, não se busca primariamente o que o ser humano deve fazer, mas o que *Deus já fez e continua a realizar* na vida daquela pessoa. Somente a partir dessa descoberta se pode intuir qual a resposta a ser dada.

E não só, mas, se Deus é o primeiro objetivo da busca, então o próprio discernimento assume características específicas e manifesta de modo mais claro a própria natureza, como se uma nova luz, inteiramente particular, passasse a iluminar a própria modalidade de busca.

---

[8] Il passo avanti nell'amore, editorial *Credere oggi*, 37(5/2017), p. 4.

## 2.1. "Deus não quer soldadinhos de chumbo obedientes, mas filhos felizes"

Ao discernir, descobre-se antes de mais nada o rosto de Deus, ou Deus se revela pelo que é. E se o discernimento se torna verdadeiramente estilo de vida, voltando à distinção anterior, Deus manifesta-se sempre mais como o Mistério bom e amigo, que deseja mostrar-se e ser tocado, Pai "que não quer soldadinhos de chumbo obedientes, mas filhos felizes" (Ronchi), felizes em buscá-lo e deixar-se buscar por ele, livres de todo medo e capazes de responder ao seu amor, "respons-áveis" por este, a ponto de assumi-lo como critério do próprio julgamento e de cada escolha consequente.

É o mesmo que dizer que o desvelamento do rosto de Deus provoca o desvelamento também do rosto humano, de sua dignidade de criatura amada e chamada a viver a responsabilidade do amor. Nada, de fato, imputa responsabilidade como o amor e a consciência de tê-lo recebido em abundância. O discernimento é o exercício dessa responsabilidade, no sentido literal do termo, como resposta a ser dada ao amor, responsabilidade dramática e arrebatadora ao mesmo tempo.

Justamente por isso, Jesus dirige a seus discípulos uma pergunta intrigante e muito crítica, que evidentemente chega até nós, interpelando-nos seriamente.

## 2.2. "Por que não julgais por vós mesmos o que é justo?" (Lc 12,57)

Observemos o contexto dessa intervenção que tem sabor de repreensão: Jesus dá-se conta de ser causa de contraste, de gerar divisão, até mesmo dentro da família e das relações da carne e do sangue (cf. Lc 12,51-53). Contudo, certamente tal divisão acontece ainda antes no coração mesmo de quem se encontra diante de sua proposta, criando em si desconforto e incerteza, medo e perturbação. E talvez a tentativa de fugir de si mesmo para não se ver na condição de ter de tomar posição diante daquela palavra. Por isso, quase dá para sentir uma pitada de impaciência ou de desilusão na intervenção do Mestre, que repreende os que o escutam por conhecerem tantas coisas, por estarem em condições de prever as condições do tempo, mas não saberem ler o tempo, este tempo de graça, os sinais do Reino que se está manifestando, inclusive no íntimo dos que o escutam, aos quais parece dizer: "Há estes sinais: levem-nos a sério e serão capazes de julgar vocês mesmos o que é bom. Por que não o fazem?".

Os discípulos não respondem, mas talvez tampouco nós, hoje, jamais nos tenhamos confrontado seriamente com esse ponto de interrogação que, no entanto, é muito lógico diante de tudo o que dissemos antes: se o discernimento é o exercício da responsabilidade que nasce do amor recebido, dado que a experiência de ser amado é estritamente pessoal, de cada indivíduo, é sempre e somente o indivíduo que pode e deve assumir a responsabilidade de seu discernimento, que deve aprender a julgar o que é bom.

Podemos tentar responder aqui?

## 2.3. Medo de ser livres

Poderíamos dizer: não julgamos por nós mesmos o que é justo "porque não somos livres, Senhor, porque é

cansativo sê-lo, porque temos medo de errar, porque nos disseram que é mais seguro e tranquilizador abandonar--nos nos braços da Santa Igreja Romana, porque faz demasiado tempo que temos horror à responsabilidade".[9] E poderíamos continuar: não julgamos por nós mesmos o que é justo porque a orientação formativa recebida vai em outra direção, porque não aprendemos a assumir o discernimento como estilo habitual do fiel (imagine se podemos adotá-lo como estilo pastoral, para ajudar outros a discernir, como pede o Papa Francisco), porque "crê-se e pronto", ou é suficiente e menos complicado ser obedientes, visto que...
"quem obedece jamais se equivoca", porque é mais simples e cômodo delegar escolhas e julgamentos ao parecer de um líder ou de pessoas carismáticas (a quem demos nossa consciência como empreitada),[10] porque perdura ainda o equívoco, radicado sabe-se lá em que ângulo escuro do nosso inconsciente (e, em todo caso, discretamente alimentado hoje), de que julgar por si mesmo é sinal de presunção, soberba, autonomia, leviandade, e cria somente confusão,

---

[9] F. Scalia, Perché non giudicate da voi stessi?, *Presbyteri*, 51(2017), p. 321. Trata-se de um estudo muito lúcido e corajoso (bem ao estilo do autor), que inspirou esta parte de minha análise.

[10] É motivo de séria reflexão a frequência com que nas assim chamadas novas formas de vida consagrada (de resto, sinal da fecundidade da própria vida consagrada) se criaram e continuam a criar-se situações de abuso de poder, ingerência da parte dos líderes no mundo interior das pessoas, audácia presunçosa de falar em nome de Deus, pretensão de substituir-se ao julgamento do outro, desembaraçada confusão entre foro interno e foro externo, inclusive pesado condicionamento da sensibilidade...

divisão, contestação, subversão, dispersão, destruição do tecido relacional e comunitário...

E se fosse o contrário? Ou seja, e se essa alergia proviesse de uma baixa estima de nós mesmos, de nossa dignidade e grandeza, antes de mais nada, assim como Deus nos imaginou, baixa estima que se torna, depois, fé acanhada naquele Espírito que "grita" justamente dentro de nós, e que, no entanto, não escutamos?

Todavia, em um plano espiritual, o Espírito foi-nos assegurado, foi infundido em nossos corações com abundância (Rm 5,5), faz-nos sentir a doçura de ser filhos e recorda-nos as palavras do Filho (Jo 14,26), sugere-nos até mesmo as palavras para rezar (Rm 8,26), abre a mente à compreensão das Escrituras, faz arder o coração enquanto escutamos a Palavra que salva (Lc 24,31-32), acende ou dá luz aos sentidos para que vejamos, sintamos, apreciemos para além dos sentidos, dá-nos o gosto e o sabor da verdade, para que saibamos reconhecê-la e sermos seus artífices, e a atração para a beleza, para que saibamos distingui-la de suas falsificações e reproduzi-la em nossa vida... O Espírito Santo está vivo em nós, em cada ser humano, é a sensibilidade divina presente na sensibilidade humana. Essa é uma certeza, não hipótese a ser demonstrada; e é verdadeira para todos, não prêmio para aspirantes místicos.

Por outro lado, no plano psicológico-existencial, estamos continuamente expostos à ambiguidade da vida e das situações: "Quem decide o que é bom e o que é mau na ação prática cotidiana, ou naquela imposta por circunstâncias ambíguas, mas na qual é necessário, no entanto, tomar

DESDE A AURORA EU TE PROCURO

uma decisão? Quem decide qual atitude assumir diante da verdade de fé que está fora da experiência habitual e que, aliás, às vezes parece contradizê-la? Somos todos obrigados a ter um único pensamento, uma única religião, uma única filosofia, uma idêntica teologia, os mesmos estilos de vida, os mesmos ritos sacros, as mesmas leis civis?... No dédalo do pluralismo que devemos seguir, a quem devemos escutar? E na confusão dos tempos, a quem cabe intuir os sinais dos tempos que se anunciam, ou julgar a história à luz da Palavra? À autoridade constituída (costumeiramente preguiçosa e preocupada com a autoconservação[11]) ou também a quantos ousam interrogar-se diante de Deus e da própria consciência?".[12]

Essas perguntas estão longe de ser abstratas e casuais, por trás e além das quais ainda parece ressoar e retornar a pergunta de Jesus: "Por que não julgais vós mesmos o que é justo?". Não se trata, então, somente de uma admoestação, mas de um convite muito preciso.

## 2.4. Buscar ou ser buscados?

Na realidade, o discernimento, justamente porque não tem como primeiro objetivo o que a pessoa deve fazer, mas, antes de mais nada, o que Deus está fazendo na vida daquela pessoa, nasce também da convicção e chega, toda vez, à conclusão de que não é tanto a criatura que se põe a buscar a Deus e a fazer a experiência dele, mas *Deus que a*

---

[11]  Tal julgamento do autor não se aplica, certamente, ao modo de exercitar a autoridade por parte do Papa Francisco!

[12]  Scalia, Perché non giudicate..., p. 322.

*busca e a atrai para si.* Por outro lado, é assim desde sempre: desde que o ser humano apareceu sobre a terra, Deus não faz outra coisa senão buscá-lo. Normalmente, conforme nos diz justamente o relato das origens (Gn 3,8-11), ao longo dessas fases de um diálogo e de uma relação.[13]

### a) "... ouviram o ruído do Senhor Deus" (Gn 3,8a)

Imediatamente depois da transgressão, o primeiro passo rumo à compreensão do que aconteceu é a escuta de algo, algo externo (um ruído, nesse caso) que aciona um processo interno que culmina na sensação de uma presença que a pessoa percebe com temor.

Sem essa abertura para uma alteridade não há discernimento, com tudo o que provoca em termos de reflexão sobre si. Todo discernimento começa com o ouvir o "ruído do Senhor" vindo na própria direção. Com o sentir o consequente temor.

### b) "O homem... escondeu-se do Senhor Deus" (Gn 3,8b)

Adão e Eva esconderam-se aos olhos do Senhor porque fundamentalmente são incapazes de suportar seu olhar sobre eles. Estão nus e começam a descobrir-se em sua pobreza e limite, em sua verdade. Provavelmente se sentem também indefesos.

Quem discerne é inevitavelmente colocado diante da verdade de si, da qual é tentado a fugir, ou que gostaria de

---

[13] Nesse parágrafo, sigo a interessante análise de S. Pinto, Il discernimento nell'Antico Testamento. La fatica e la gioia d'una relazione, *Credere oggi*, 37(5/2017), p. 21-40.

DESDE A AURORA EU TE PROCURO

obscurecer. Discernir bem significa tomar consciência dessa contradição, dar-se conta de que haverá sempre um pedaço de nós que se esconde e se envergonha, que não se revela porque não quer mudar, sempre fugindo da realidade, que quer subtrair-se de todo discernimento. Evidentemente não há nenhum discernimento até que não se aprenda a desentocar e a chamar pelo nome esse pedaço ou pedaços de nós à deriva.

*c) "Onde estás" (Gn 3,9)*

É a etapa fundamental em todo discernimento: "A irrupção de uma palavra que rompe as dinâmicas do temor e da autorreferencialidade: ... 'onde estás?'".[14] Não somente o rumor dos passos, mas o som da voz, para exprimir à criatura a atenção do Criador, o desejo de uma permuta que começa com um convite a olhar para dentro de si, a reconhecer o que aconteceu, a descobrir aonde foi enfiar-se... Ele já sabe onde se encontra o ser humano, mas quer que ele mesmo se dê conta, ou seja, interrogue-se sobre o que tem no coração, o que há no centro da sua vida, onde estão e quais são os seus interesses, desejos, afetos, para onde está indo... Porque é justamente aí que o Senhor quer encontrar o ser humano, onde ele está, lá onde acabou por ir parar, não importa que seja o ponto mais baixo e mais longínquo, o mais dissonante e contraditório. Deus não está simplesmente esperando: ele vem ao nosso encontro onde estamos, com nossas esperanças e expectativas irrealistas, como aconteceu daquela feita aos dois de Emaús.

---

[14]  Ibid., p. 28.

Discernir é abrir os olhos e dar-se conta dessa sempre inédita presença divina, a fim de entrar em contato com ela.

### d) "Ouvi teu ruído..." (Gn 3,10)

Assim começa o diálogo entre o Criador e a criatura, onde esta última é muito ativa: escuta a voz divina, reconhece os próprios sentimentos (medo e vergonha), compreende até mesmo sua raiz ("porque estava nu"), admite ter tentado subtrair-se a esse encontro. Mesmo que depois não assuma a responsabilidade, aqui o homem é sincero, verdadeiramente "nu" diante de Deus, assim como "tudo está nu e descoberto" (Hb 4,13) diante de sua palavra e de seu olhar.

Discernir é precisamente essa nudez diante de Deus, mas sem sentir vergonha por causa dela, visto que indica a liberdade de quem se sente envolto por um olhar de amor e de verdade, que infunde confiança e compreensão,[15] diante do qual seria tolice cobrir-se, esconder-se, fingir, fugir, exibir-se, defender-se...

### e) "E quem te disse que estavas nu?" (Gn 3,11)

O papel de Deus é crucial, pois ele não está simplesmente indagando sobre o erro cometido pela criatura, mas convida-a e provoca-a a perguntar-se quem ou que coisa possa tê-la induzido a essa consciência de sua nudez. Sem impor ao texto uma leitura demasiado psicologizante,

---

[15] Cf. o olhar e a palavra de Jesus em relação à adúltera que os fariseus queriam apedrejar (Jo 8,1-11).

parece-me que se pode dizer que aqui não emerge, de fato, a imagem de um Deus-juiz que observa e condena, que une automaticamente a transgressão à culpa, mas sim a do Pai que não abandona aquele que errou, que quer ajudá-lo a tomar consciência do que fez, e a compreender de onde veio o impulso para agir e de onde agora vem a consciência do erro, com quais (res)sentimentos o estaria vivendo diante de si, dos outros, do próprio Deus, qual o ranço que ele pode ter deixado em seu coração, quais relacionamentos potencialmente ambíguos e escolhas equivocadas possam estar na origem do gesto etc. No fundo, o pecado de Adão e Eva, o pecado das origens, foi fruto de um discernimento equivocado. Como qualquer pecado.

Discernir, então, é aceitar esse confronto com Deus para aí descobrir toda a ternura do Eterno, que não quer que a criatura seja enganada, quer dizer, ser livre para deixar-se interpelar por ele, deixar que sua palavra seja cortante, penetre até o ponto de divisão da alma e do espírito, até as articulações e as medulas, para discernir os sentimentos e os pensamentos do coração (cf. Hb 4,12-13). Somente nesse discernimento divino é que pode nascer o discernimento humano.

## 2.5. *"Confio... portanto, decido"*

Portanto, a Palavra de Deus pode fazer mal, assim como não deve ter agradado a provocação dirigida por Jesus a quem o escutava, a respeito do medo de assumir uma posição diante da vida. Na realidade, aquele "Por que não julgais vós mesmos?" não é provocação-repreensão, mas revela, muito mais, a preocupação fundamental de toda a ação do Mestre: a de restabelecer o plano do Pai, isto é, criar pessoas livres, abertas à vida, firmes na percepção de seu lugar único na criação, chamadas a não padecer diante de nada que vem de fora, mas a acolher a multiplicidade dos chamados divinos com plena consciência, responsabilidade e determinação. Livres, inclusive e sobretudo, diante de Deus, do Chamador (do [ch]Amador), tornadas livres justamente por seu amor (do contrário, se não nos tornasse livres, que amor seria?), livres para deixar-se amar, para crer nele, com aquele ato de fé que, no fundo, é um ato de confiança em seu amor (confio em ti).

Pois bem, o discernimento nasce aqui, em um fiel "capaz de deslocar o centro decisório do ser humano da lei externa para a 'lei interior de liberdade' (cf. Tg 2,12), ou seja, do mandamento à adesão convicta; do medo à confiança; da constrição à escolha motivada pelo amor e pela beleza da coisa escolhida; da submissão de quem depende ao abandono de quem confia; do "eu devo" ao "eu amo e, por isso, quero e escolho"; ou do cálculo ao "confio, portanto, decido".[16]

Eis por que, rigorosamente falando, somente quem acredita pode discernir; somente quem se sente amado pode permitir-se o luxo de buscar o Amado, e o discernimento é exercício não somente de fé, mas daquela expressão peculiar e totalmente consequencial da fé, que é a *confiança*.[17] E, se de

---

[16] Permito-me remeter novamente ao meu livro que traz precisamente este título: *Mi fido... dunque decido. Educare alla fiducia nelle scelte vocazionali*, Milão, Paoline, 2009.

[17] É o ponto de vista, ainda, de Moioli, segundo o qual, discernir e decidir não significa dispor do futuro, como se o conhecesse

um lado, a escolha aumenta a confiança, de outro, escolher é forma verbal do verbo fiar-se, uma vez que é a certeza do amor recebido que dá força para escolher e arriscar.

Desse modo, aparece sempre mais clara a natureza essencialmente espiritual do discernimento. Somente porque Deus nos ama é que podemos aventurar-nos nas ambiguidades da vida, escolhendo um caminho sem receio de perder-nos. Apostando nele, mas também em nós. É como se disséssemos: "Senhor, confio tanto em ti, que corro o risco de decidir minha vida, porque sei que tu, seja como for, não me abandonarás. Continuarei a buscar-te e, acima de tudo, a deixar-me buscar por ti, em qualquer lugar aonde a vida me conduza (ou eu mesmo a conduza).

## 3. Liberdade de consciência: ponto de partida ou de chegada?

O discernimento não teria sentido algum fora de uma lógica de liberdade. Ele exprime, dissemos, fé, confiança,

---

antecipadamente. Significa, antes, saber ler uma direção no presente, que também vai além do presente; significa individuar uma coerência entre o que se lê e a verdade do ser cristão, entre o que se começa a intuir e uma possibilidade de realizar aquela verdade em um projeto de vida onde "eu" (ou seja, meu ser cristão aqui e agora) não somente não seja excluído, "mas sou assumido como 'lugar', ou melhor, como realidade de uma síntese que dever ser encontrada. Parece-me cristão que eu faça assim; parece-me claro que posso fazer assim; é prudente que o faça; portanto, Deus quer que o faça e que, fazendo-o, eu não encontre no saber antecipado a segurança; ao contrário, encontre-a confiando e fiando-me nele" (Moioli, *Discernimento spirituale*, p. 64).

autoconsciência, responsabilidade, coragem, senso do Mistério... da parte daquele que discerne. Isso tudo, porém, somente na medida em que é ato de liberdade.

A "liberdade de consciência" sempre foi mantida teoricamente na Igreja, provavelmente não igualmente declinada na prática da vida e da adesão à fé, e, talvez, inclusive por isso, foi necessário o Vaticano II, que condensou também em tal expressão, respeitosa do humano e plenamente evangélica, o senso de sua novidade. Uma única citação: "Todos os homens devem estar livres de coação, quer por parte dos indivíduos, quer dos grupos sociais ou qualquer autoridade humana... Ninguém seja forçado a agir contra a própria consciência ... ninguém deve ser forçado a abraçar a fé contra a vontade ... todos os homens têm o dever de buscar a verdade... mas esta não se impõe de outro modo senão pela sua própria força, que penetra nos espíritos de modo ao mesmo tempo suave e forte".[18]

Para compreender melhor do que isso se trata, proponho este episódio autobiográfico, tirado do romancista suíço Gottfried Keller.

Gottfried tinha apenas 8 ou 9 anos, e sua mãe, protestante sincera e fervorosa, havia-lhe ensinado a fazer a oração antes de sentar-se à mesa. Um dia, o pequeno Gottfried põe-se à mesa sem antes fazer a costumeira oração. A mãe repreende-o docemente. Ele, no entanto, finge não compreender. Diante de sua obstinada e reiterada recusa, a mãe intervém com firmeza:

---

[18] Declaração *Dignitatis Humanae*, 1, 2, 10.

DESDE A AURORA EU TE PROCURO

"Você não quer fazer sua oração?"

"Não", respondeu Gottfried sem hesitação.

"Bem, então, vai para a cama sem jantar."

Depois de algum tempo, porém, a mãe, cedendo ao instinto materno, leva-lhe um prato de sopa à cama.

Tarde demais! A partir daquele dia, Keller já não rezou.[19]

Eis o que pode acontecer quando não se observa, de fato, o princípio da liberdade de consciência. Gottfried é apenas um meninote que não tem ainda 10 anos; sua atitude, porém, tão determinada, já exprime um sentimento radicado profundamente no ser humano: a *inviolabilidade* da consciência. Nenhuma pressão-constrição externa pode penetrar em tal santuário, onde o ser humano se encontra somente consigo mesmo, e pretender violá-lo de várias maneiras (por exemplo, com a imposição mais ou menos velada, ou as chantagens afetivas, ou o medo do castigo, talvez divino, ou determinado modo de entender a obediência...), tampouco pelos mais nobres motivos.

Particularmente, se se quer que o santuário seja espaço de solidão não somente consigo mesmo, mas inclusive e sobretudo com Deus, portanto, espaço sagrado, toda intromissão nele seria não somente indevida, mas equiparável a um tipo de sacrilégio.[20]

---

[19] Cf. G. Keller, *Enrico il verde*, Turim, Einaudi, 1997.

[20] Ainda o Vaticano II: "A consciência é o centro mais secreto e o santuário do homem, no qual se encontra a sós com Deus, cuja voz se faz ouvir na intimidade do seu ser. Graças à consciência, revela-se de modo admirável aquela lei que se realiza no amor de Deus e do próximo" (Constituição pastoral *Gaudium et Spes*, sobre a Igreja no mundo atual, 16, São Paulo, Paulinas, 1966).

O episódio narrado por Keller nos faz compreender, para além do erro em si mesmo do gesto impositivo, que qualquer operação externa não surte o efeito positivo desejado, mas, quando muito, o oposto, como uma reação contrária. Isso deve ser interpretado – no plano psicológico – como uma autodefesa da própria consciência, uma barreira não apenas emocional destinada a salvaguardar a própria identidade/intimidade, a impedir qualquer invasão e que, como amiúde acontece com os gestos reativos, pode chegar ao extremo oposto. Diante do relato de Keller, seria o caso de dizer: quem sabe quantas pessoas deixaram de rezar e de acreditar, já não aderiram a certa pertença nem observaram certo código comportamental... abandonando a fé justamente por causa de intervenções impróprias como a da mãe de Gottfried!

Por isso dizíamos que a liberdade de consciência é um princípio absoluto, que ninguém pode colocar em dúvida, e que quem discerne autenticamente manifesta de modo particularmente evidente. Quem se coloca diante da verdade e, em virtude dela, faz uma escolha com convicção, saboreando sua beleza, experimenta e narra de modo inequívoco o que significa ser livre.

Justamente por isso, gostaria de ressaltar alguns pontos a respeito do uso e da interpretação dessa expressão tão atraente, para que não seja apenas isso.

## 3.1. Um pouco de realismo

Antes de mais nada, parece-me importante recordar que tal liberdade, posto que o princípio seja justamente absoluto em si mesmo (deve ser respeitado, seja como for), não pode ser considerada um dado presente em quem quer que esteja fazendo o discernimento. Seria no mínimo ingênuo e fora da realidade dar por evidente que basta colocar-se em atitude de busca da verdade para ser livre (de encontrá-la). Quando muito, bastante frequentemente, acontece, felizmente, o contrário: quem discerne sinceramente se dá conta das próprias dependências e contradições muito mais do que quem não aprendeu a fazer discernimento ou não o faz jamais.

Em resumo, tal liberdade é ponto de chegada, não de partida. E o discernimento deve ser compreendido exatamente como o lugar pedagógico onde crescer em tal liberdade, como exercício dela, como a descoberta do que a obstaculiza, como uma aprendizagem laboriosa e, às vezes, surpreendente de quanto isso custa, até mesmo como descoberta do medo de ser livre. Para além de toda interpretação superficial e um pouco romântica, bem como para além de toda reivindicação de tal liberdade, como se fosse um direito, e não também um dever, tarefa, ascese, fruto de conversão, característica da autêntica atitude de quem acredita.

Para compreender o sentido verdadeiro da expressão, analisemos, pois, os dois termos em questão.

## 3.2. Liberdade

A liberdade de que falamos deve ser entendida em dois sentidos ou direções.

## a) Liberdade "de"

É indispensável, no momento do discernimento, sua *conditio sine qua non*, a clássica *liberdade "de"*, antes de tudo. Isto é, liberdade de tudo o que dentro de si poderia impedir a pessoa de individuar o que é justo e bom fazer. Dito assim, parece muito simples; na realidade, implica uma grande honestidade interior no perceber os próprios demônios, medos, dependências, ansiedades, fixações, ilusões, expectativas, sensações-emoções-sentimentos-afetos que possam, de algum modo, distorcer o relacionamento com o real...

Em síntese, digamos que é indispensável, para um discernimento na liberdade, *a verdade da consciência de si e, particularmente, da própria inconsistência central*, daquela zona onde o indivíduo é menos adulto e mais vulnerável, menos livre de captar verdade-beleza-vontade em torno de si, ou o que é bom e agradável a Deus. É claro que excessivas preocupações ou apegos a esquemas perceptivo-interpretativos fechados e rígidos, principalmente quando inconscientes, vão disturbar todo o processo da busca e da escuta da realidade, inclusive a espiritual.

## b) Liberdade "para"

A liberdade "de" abre à *liberdade "para"*. A primeira permite que a pessoa perceba novas realidades e cenários mais amplos, novos estímulos e fortes provocações, mas também ter gostos diferentes, atrações menos autorreferenciais, desejos mais adequados à dignidade humana, interesses menos infantojuvenis, perspectivas até mesmo cada vez mais transcendentes.[21]

---

[21] Seria o "magis" de Santo Inácio.

A liberdade "para" abre – por sua vez – ao mistério e consente ao sujeito entrar em sua órbita, deixar-se seduzir e iluminar por ele, para um discernimento mais rico e verídico, principalmente mais em sintonia com a identidade do próprio sujeito.

E volta novamente o nexo essencial entre liberdade e verdade: para ser livre, a consciência de quem discerne deve ser, primeiramente, verdadeira, ou é livre na medida em que pode tender para a verdade, ou senti-la convincente e atraente, além de exigente. Se a pessoa não é livre para perceber dentro de si a beleza da verdade, como pode assumi-la como critério das próprias escolhas? E experimentá-la como o que a torna sempre mais livre?[22]

Tal liberdade de ser verdadeira nas próprias decisões seria a parte mais criativa e construtiva do processo de discernimento que, com efeito, às vezes parte de um estímulo bastante circunstanciado e preciso (por exemplo, como agir com um colega de trabalho irritante), e termina com o encontrar-se diante de um apelo mais geral e envolvente à conversão de um estilo relacional, nesse caso, eventualmente centrado no eu.[23] O que queremos dizer é que um discernimento bem conduzido sempre ultrapassa o ímpeto que lhe deu origem.

---

[22] Ocorre naturalmente a referência às palavras de Jesus: "A verdade vos tornará livres" (Jo 8,32).

[23] Na realidade, é sinal de discernimento autêntico o encontrar-se no fim do processo com uma ampliação da problemática que o provocou e uma percepção mais profunda de suas raízes; em síntese, um bom discernimento sempre coloca a pessoa diante da verdade de si mesma e daquilo que Deus lhe pede.

## c) Indiferença cristã

Na concepção de Santo Inácio, o mestre indiscutível do discernimento, a liberdade de quem discerne se mede pela capacidade de alcançar uma posição de equidistância em relação às possíveis alternativas que ele tem diante de si.[24] É a ideia da *indiferença cristã*, que não é, de modo absoluto, a insensibilidade ou a indiferença do apático ou do medíocre, ou de quem vive sem desejos e não percebe nenhum apelo, e tudo lhe está bem porque não aprecia nada, mas é a atitude típica do cristão que colocou no centro de sua vida o que é essencial, Deus e seu amor, o Filho e seus sentimentos. Tudo o mais é secundário e não essencial, vale somente na medida em que permite alcançar o centro.

Para isso, é importante acrescentar o adjetivo "cristã", ou "santa", como faz Inácio, à indiferença do que estamos falando. É uma insensibilidade (para as coisas desta terra) que nasce de uma sensibilidade (para Deus e seu amor). Assim nos fala a esse respeito o Papa Francisco, referindo-se às quatro famosas indiferenças de Inácio: "É necessário tornar-nos indiferentes ante todas as coisas criadas (em tudo aquilo que seja permitido à liberdade do nosso livre-arbítrio, e não lhe esteja proibido), de tal modo que, por nós mesmos, não queiramos mais a saúde do que a doença,

---

[24] Obviamente falamos de discernimento como escolha entre duas realidades, ambas positivas ou desprovidas de uma conotação moral intrínseca (caso em que, se uma é má, não haveria necessidade de fazer discernimento), como, por exemplo, um religioso que se encontra diante da perspectiva de ser enviado a um lugar ou a outro, ou designado para um serviço ou para outro, ou de trabalhar com esta ou com outra pessoa.

DESDE A AURORA EU TE PROCURO

mais a riqueza do que a pobreza, mais a honra do que a desonra, mais uma vida longa do que curta, e assim em tudo o resto".[25]

É belíssimo, portanto, o exemplo de Paulo, indiferente diante da perspectiva de ainda viver ou de morrer ("já não sei o que escolher", Fl 1,22), alternativa a respeito da qual o mortal comum não tem dúvidas a respeito do que preferir. Se Deus está no centro da pessoa, tudo está destinado a ser relativo, visto que, em todo caso, "tudo contribui para o bem daqueles que amam a Deus" (Rm 8,28). E é, continua o Papa Francisco, "uma bela liberdade interior".[26]

Ora, quem pode jamais dar por evidente tal liberdade, nos três significados que acabamos de ver? Quem pode pensar que um discernimento qualquer, que mereça este nome, possa prescindir de um atento exame da própria liberdade, assim entendida, e não possa tornar-se exercício mais do que nunca providencial para crescer como um ser livre, criado por Deus para gozar de sua mesma liberdade?

Concretamente: fala-se muito, muitíssimo de liberdade de consciência, e é justo e compreensível. Mas não seria o caso de interrogar-se antes sobre sua verdade, ou sobre aquele processo que, antes de mais nada, a torna verdadeira?

---

[25] Inácio de Loyola, *Exercícios espirituais*, 23 (apud Papa Francisco, Exortação apostólica *Gaudete et Exsultate*, sobre o chamado à santidade no mundo atual, São Paulo, Paulinas, 2018, § 69, nota 68).

[26] Papa Francisco, Exortação apostólica *Gaudete et Exsultate*, sobre o chamado à santidade no mundo atual, 69, cit.

## 3.3. Consciência

A insistência na liberdade de consciência é justamente motivada pela percepção crente da consciência como reflexo de luz divina, ecoa da voz do Eterno, lugar santo de escuta do que é bom e agradável a Deus, como se nela fosse imediatamente reconhecível e evidente o nosso ser, imagem do Criador, destinatários de suas chamadas e provocações, partícipes de sua mesma visão da realidade, do que é verdade e falso, dos seus sonhos e desejos, de suas intenções e afetos...

*a) Consciência como sensibilidade*

Justamente por isso, propusemos, nas páginas precedentes, uma interpretação particular e talvez não consueta da consciência, como de algo que é fruto de nossa sensibilidade, que a exprime e torna decifrável, como um componente seu, de um lado, e sua síntese, de outro. Em todo caso, como algo que está profundamente ligado àquele precioso e complexo mundo interior, feito de sentidos, sensações, emoções, sentimentos, afetos, gostos, juízos, como vimos. Não seria possível pensar a consciência desconectada dessa realidade, não seria possível sequer compreendê-la em suas expressões senão a partir da história do indivíduo, que deu àquele mundo interior uma orientação precisa, posto que nem sempre consciente e lúcido. Aquela história "explica" por que hoje a consciência daquele indivíduo "sente" de certa maneira, seja orientada em determinada direção, comova-se ou não diante de certa realidade, declare verdadeiro e justo dada atitude, sinta-se ou não culpado.

Por que pode ser importante essa aproximação entre consciência e sensibilidade?

Deveria ser fácil responder a tal pergunta: porque, desse modo, sublinha-se melhor e explicitamente a natureza educável e evolutiva da própria consciência, e a responsabilidade de cada um em dar-lhe atenção formativa, ao longo de um caminho de formação contínua.

Como é verdadeiro que cada um tem a sensibilidade que merece, assim é verdadeiro que também a consciência é o produto de um caminho pelo qual o sujeito é responsável, e no qual estão envolvidos os aspectos emocional e cognoscitivo-intelectual, os afetos como também as decisões. Nesse sentido, especificar que a consciência é sensibilidade significa entender mais corretamente a própria consciência, não somente como conhecimento lúcido e como um fato sobretudo mental, mas como experiência mais global, que envolve todo o ser humano.

Em resumo, para sermos claros: onde um padre ou um fiel qualquer formam a própria consciência ou sensibilidade moral, nos livros de teologia ou de ética filosófica? Certamente, ali também, mas não somente ali como também através da vida e das escolhas que fizeram e continuam a fazer. São estas que os tornam mais, ou menos, "sensíveis" à beleza de determinado estilo de vida, e mais, ou menos, livres para discernir na verdade, ou que lhes tornam familiar determinado ideal ou mais atraente certo impulso.

## b) Do direito ao direito-dever

Portanto, a consciência não é necessariamente sempre "reflexo de luz divina, eco da voz do Eterno, lugar santo de escuta do que é bom e agradável a Deus", como dizemos frequentemente, novamente considerando natural o que não o é de jeito nenhum. Ou, melhor, digamos também que a consciência do homem poderia e deveria ser assim, mas muitas vezes o eco é de uma voz diferente, as atrações seguem outros percursos, os julgamentos não são conformes à verdade e à identidade do sujeito, nem os desejos coincidem com os divinos.

E, se é verdade que inclusive a consciência errônea deve ser respeitada, como nos recorda a teologia moral, ainda mais deverá ser respeitado o direito-dever do indivíduo de formar para si (e de ser ajudado a formar) uma consciência-sensibilidade reta, como o lugar no qual o sentir do ser humano aprendeu lentamente a coincidir com o de Deus.

Nem, em todo caso, nenhum respeito por uma experiência existencial laboriosa e tortuosa pode justificar o descompromisso do ponto de vista da formação da consciência.

# Conclusão

## Do odor das ovelhas ao perfume de Cristo

Chegados ao fim de nossa análise, podemos sintetizar assim nosso caminho de um ponto de partida (a evangelização da sensibilidade) a uma chegada (a aprendizagem do discernimento). Isso se destina de modo peculiar ao anunciador do Evangelho que, de um lado, é chamado a deixar-se impregnar pelo odor das ovelhas (nem sempre agradabilíssimo) e, de outro, é chamado não só a difundir em torno de si o perfume de Cristo, mas também a sentir esse perfume, nas coisas e nos acontecimentos, deixando-se atrair por ele. Há quem o chame de *discernimento conjunto*, visto que reúne a atenção obrigatória e realista àquele mundo interior que é o responsável primeiro pelos afetos do coração e pelos julgamentos da mente, com o apelo àqueles valores que constituem os critérios de nossas escolhas, colocando em harmonia, portanto, o subjetivo e o objetivo, as necessidades e os valores, a liberdade horizontal e a vertical, a subida ao monte Carmelo de Elias e a descida à caverna. Porque o ser humano é feito assim.

E é justamente isso que significa discernir: buscar a Deus, sempre e a cada instante, mas sem recorrer acima de tudo a normas preestabelecidas, que funcionam no automático, nem se contentando com indicações que provenham de autoridade externa (do diretor espiritual ou do psicólogo), mas lançando mão de todo aquele arsenal de que todo ser humano é dotado desde o nascimento e a cada instante: sentidos, sensações, emoções, sentimentos...

Essa é a beleza do discernimento, beleza misteriosa, natural e também dramática, que revela a dignidade da criatura, tornada capaz de colocar-se à procura daquele que a criou, como se fosse uma necessidade irresistível de voltar às próprias raízes, para continuar a deixar-se criar, para reencontrar a beleza das origens. Criatura que não é somente o ser inferior, portanto, chamado a obedecer a uma vontade suprema para cumprir-lhe as ordens sem discutir, mas que se encontra com um desejo imenso de Deus, de buscá-lo em toda parte, principalmente dentro de si, naquele coração que, até mesmo quando se deixar atrair por amores diferentes e, às vezes, equivocados, não cessa de desejar a Deus, de ser feito por ele, *capax Dei* [capaz de acolher a Deus], mesmo que não o saiba...

Visto que, mesmo então, quando o ser humano, insensatamente, escolhesse outros caminhos, Deus não cessa de continuar a escolhê-lo como destinatário de seu amor.

Eis a fonte e o segredo da beleza do discernimento: podemos escolher Deus porque desde sempre e para sempre fomos escolhidos no Filho, pelo Pai, mediante a ação do Espírito!

# Obras do autor publicadas por Paulinas Editora

*A árvore da vida*: proposta de modelo de formação inicial e permanente. Coleção Carisma e Missão. 2023.

*Os passos do discernimento*: chamados a formar as consciências, não a pretender substituí-las. Coleção tendas. 2022.

*Abraçar o futuro com esperança*: o amanhã da vida consagrada. Coleção tendas. 2019.

*Virgindade e celibato, hoje*: para uma sexualidade pascal. Coleção carisma e missão. 2017.

*Viver reconciliados*: aspectos psicológicos. Coleção psicologia e espiritualidade. 2013.

*Construir cultura vocacional*. Coleção pastoral vocacional. 2013.

*Olha para o céu e conta as estrelas*. Coleção animadores de pastoral juvenil e vocacional. 2005.

*Quando Deus chama*: a consagração: aposta e desafio para os jovens de hoje. Coleção animadores de pastoral juvenil e vocacional. 2005.

Rua Dona Inácia Uchoa, 62
04110-020 – São Paulo – SP (Brasil)
Tel.: (11) 2125-3500
http://www.paulinas.com.br – editora@paulinas.com.br
Telemarketing e SAC: 0800-7010081